日本で1番、堅実に稼げる！
お手軽 在宅オンライン副業ビジネス

大森淳弘 著

セルバ出版

はじめに

本当に在宅でサラリーマン以上の収入を得ることは可能なのか？

人生が変わる瞬間はいつも急に訪れる

世界的に蔓延した感染症によって、日本は２０２０年4月7日に政府が第1回となる緊急事態宣言を発しました。それから約2か月間、国民全員が戦後初めて経験する自宅軟禁という隔離を経験し、私たちの生活は激変してしまいました。

２０２０年2月、私は、インドネシアのバリ島に起業家仲間とサーフトリップに出かけていました。当時のバリ島でもすでに新型コロナウイルスに関する報道はされており、現地の人も気にしている様子でしたが、バリニーズたちは「大丈夫！　大丈夫！」と根拠のない自信に満ち溢れていました。

２０２1年1月末日の時点でバリ島は未だに海外からの入国者を受け入れできず、観光産業で成り立っているこの島は、廃業倒産する店舗や職を失った人たちが後を絶たないといった状況です。

翌月２０２０年3月。私は、台湾に起業家の友人と2人でサーフトリップに出かけていました。この頃になると飛行機に乗る人はほぼおらず、航空券も往復1万円くらいにまで値下がりしていました。

私たちが帰国した数日後、台湾はすべての外国人の出入国を禁じたので、私たちは間一髪のところで日本へ帰ってこられたのを今でも鮮明に覚えています。台湾は中国からの渡航者をかなり早い段階で禁止しており、世界でも珍しいコロナ感染者がほぼいない国へとなっていました。

コロナ禍でも自由自在に移住できた理由

私の友人たちは、新型コロナウイルスに関する情報を2019年の12月初旬時点で把握しており、危機意識が高い人たちは感染者が少ない台湾やマカオに出国していたり、日本だと鹿児島県や長野県といった地方に移住しています。

このように国や都道府県を自由自在にいつでも移住できるのは、私たちが「インターネット環境があれば収益を発生させられるビジネスをしている」からであり、テレワークやリモートワークと言われる在宅ビジネスをコロナが流行する10年以上前から実践してきたからです。

このおかげで、私たちは、収益が下がるどころか、増収増益と右肩上がりになっている人のほうが多く、改めてオンラインビジネスをやってきてよかったと生命の危機レベルで感じられました。

「どこでも収入が得られる」という理想は本当に再現できるのか？

これは何も自慢したいというわけではなく、あなたにも私と同じようにネットの環境さえあれば、「いつでもどこでも収入が得られる」という事実をお伝えしたいためです。

本書では、そのやり方をお伝えしようと思い、今回、執筆に取り組みました。

もしかするとあなたは、こう思うのではないでしょうか？「ネットで稼ぐ方法なんて全部ウソでしょ？」、「お金を稼ぐ情報で稼げた話を聞いたことがない！」というようなことを思ってる人もいるかと思います。

その考えは、あながち間違いではありません。「ネットでお金を稼ぐ方法を教えます」という人の中には、全く稼げないでたらめな方法をさも本当に稼げるかのように販売している人もいることは確かです。

ニュースを見ていても、「仮想通貨で詐欺に遭った」とか、「副業で稼げる情報を買ってみたけど稼げなかった」といったネガティブな報道を見ていると、「ネットで稼ぐ方法なんて全部ウソでしょ？」と思うのも当然の感情だと思います。

筆者がオンラインビジネスを始めたきっかけ

私は、オンラインで稼ぐ方法を始めて今年で11年目になります。元々はサラリーマン時代に副業からオンラインビジネスを始めました。そのきっかけは、当時ネットで販売されていたデジタルコンテンツ教材でした。

１９，８００円のデジタルコンテンツは、当時の私からすると勇気がいる金額でした。それでも稼ぎたい気持ちが強かった私は、「稼げなかったら仕方ない。とりあえず買ってみよう」という気持ちで買ってみたのです。

するといたまたまなのか運がよかったのかはわかりませんが、そのデジタルコンテンツ教材には本当に行動していけば稼げるノウハウが書かれてあり、あれよあれよという間に半年後には月収100万円が副業で稼げるようになったのです。

それから毎月、月収100万円を稼げるようになったので、脱サラをして株式会社マリナデルレイという会社を設立し、代表取締役社長に就任しました。

本当に在宅でサラリーマン以上の収入を得るのは可能なのか？

2021年で、オンラインビジネスを開始して11年目となります。ここまでチャレンジ精神と好奇心の赴くままにあれこれ手を出して、いくつもの失敗と挫折を繰り返してきました。

オンラインビジネスのよいところも悪いところも、すべて経験してきた私にしか書けない本があるとすれば、それはオンラインビジネスに関する100％の真実と現実についてです。

「はじめに」のタイトルにある「本当に在宅でサラリーマン以上の収入を得ることは可能か？」についての答えはＹｅｓです。

それは、私自身がやってきたという事実と、私の教え子や友人たちも私と同じようにサラリーマン以上の収入を得ることを実現してきたからです。

稼ぎ方ガイドを書く個人的なきっかけ

本書では、あなたがネット上で言葉巧みな詐欺話やウソの投資話に騙されず、本当にやれば堅実に稼ぐことができるオンラインビジネスのやり方について書いていきます。

それが私の運命を変えることになったオンラインビジネスに対しての少しばかりの恩返しになればと思っており、本書を読むことにより経済的自由な生活ができる人を輩出するきっかけになればと思い、包み隠さず書くことにしました。

それでは、早速、始めていきましょう！

2021年2月

大森　淳弘

日本で1番、堅実に稼げる！　お手軽在宅オンライン副業ビジネス　目次

第2章　元手0円からでも収入を発生させられる〈オンラインビジネス〉

第3章　あなたの経験という知的財産をシェアする〈オンラインビジネス〉

第4章 堅実にお金にお金を生ませる〈完全在宅投資法〉

第5章 景気が悪くても頭脳さえあれば〈いつでも稼げる思考法〉

第1章　初心者が最初に実践すべき再現性ある〈オンラインビジネス〉

1　スマホだけでも稼げるビジネスの時代がやってきた

iPhoneがオンラインの世界をすべて変えた

SNSやネットショッピングなど今では多くの人が日常的に利用しているインターネットですが、日本においてのインターネットの歴史はまだ30年くらいしか経っていません。

２００８年にiPhoneが登場するまでは、パソコンを使ってインターネットに接続するのが当たり前だったのが、iPhoneの登場以後は年々スマートフォンでネットに接続する人のほうが多くなっています。

インターネットのサービスを提供する企業もスマホ対応に合わせてきており、UI（ユーザーインターフェース）もスマホだけですべてが完結できるような仕様になっています。

ビジネスや投資もスマホ１台でできる時代の到来

このような文化が当たり前になってくると、ビジネスや投資もスマホだけでできるようになってきており、私自身も出張に行くときや海外に行くときでも場所を選ばずに、スマホさえあればお金を稼ぐことができています。

外注さんやビジネスパートナーとのやり取りはチャットワークやLINE、Facebookメッセンジャーで連絡を取り合い、情報発信ならメルマガ配信システムやLINE公式マネージャー等がスマホ1台ですべて完結できています。

これからの時代はスマホがあって、ネットが繋がる環境であればどこでもビジネスができる時代がやってくることは間違いありません。

当たり前のようにスマホで１００万円を稼ぐ時代

これまでに私が指導してきたサラリーマンの方や普通の主婦の方、または個人商店の主人などが、当たり前のようにスマホだけで月収10万円、30万円、50万円、１００万円と稼げるようになっていった様子を見ていると、今後はパソコンを持ってない人でも、スマホさえあればサラリーマン以上の収入が得られる時代がやってくることを確信しています。

「スマホを制するものがすべてを制す」――本当にこのような時代になってきています。

2　まずは身の回りのモノを現金化せよ

使わなくなったモノがお金に変わる

あなたがオンラインビジネスでお金を稼ぐ体験をするために、まずやっていただきたいことがあります。それは、身の回りの物品を、スマホを使って売ってみることです。

自宅や実家に使わなくなったモノはあるはずです。本やDVD、服に靴、使わなくなったテレビやパソコン、ゲーム機、子供のおもちゃなど。こういった不用品をまずはスマホを使って売ってみましょう。物によっては、買った値段とあまり変わらずに売れたり、買った値段以上に高く売れることもしばしばあります。その際に利用するのはメルカリかヤフオクです。

フリマアプリの普及で商品が高く売れ安く買えるようになった

不用品は、破棄するかリサイクルショップに持ち込んで現金化することが多かったのですが、フリマアプリの普及によって個人間取引が簡単に安全にできるようになりました。仲介業者の取り分がない分、売るほうも高く売れますし、買うほうも安く買うことができます。

自宅や実家に不用品がない人は、友人や同僚、親戚の家に行って不用品を無料で引き取らせてもらい現金化することができます。

いくらくらいで自分の不用品が売れるかは後述しますが、まずは不用品をスマホで売ってみる、これがリスクなく誰でもすぐに現金化できる、15年以上続いている方法です。

不用品で100万円ゲットしました

私も2010年頃から1年くらいかけて、実家にある不用品をかき集め100万円近くの現金を手にすることができました。

【図表１　ヤフオクで販売したソウルオリンピックの記念硬貨】

1988 年に開催されたソウル五輪の記念硬貨。種目や硬貨の種類によっても落札金額は異なる。

父の部屋に置いてあったブランデーの空き瓶や小学生の頃に買ってもらった壊れたポケットバイク、学生時代に買っていたCDやDVDにビジネス書籍、壊れたスクーターの部品、自宅の倉庫に眠っていたソウルオリンピックの記念硬貨、郵便局から発売された記念切手など。とにかく、ありとあらゆる不用品をかき集めてヤフオクで販売していました。

自宅や知合いの家にある不用品を引き取ってはスマホアプリで売る。これをするだけでも10万円くらいの即金は手に入るはずです。

3　意外なモノが高値で売れている真実⁉

「プレ値商品」という言葉を知っていますか？

世の中に売られている商品の中には、驚くような値上がりをしている商品が意外とたくさん存在しています。

販売側が設定してる価格より値段が高くなる商品を「プレ値商品」と呼ばれています。

「プレ値」とは、プレミアム値段の略で、欲しい人の数よりも販売している商品数が少なくなるとプレ値になっていきます。例えば「数量限定商品」「初回限定版」「コラボ商品」「廃盤商品」などがプレ値に跳ね上がる商品の特徴です。

また、SNSでインフルエンサーが使っている商品や、芸能人やマスメディアで取り上げられて話題になった商品も、このようにプレ値になりやすい傾向にあります。

ここでは、「スニーカー」「洋服」「ゲーム」「DVD」「フィギュア」「本」に絞って転売すると儲かる商品をご紹介します。

①　スニーカー

スニーカー（NIKE＋BIGBANG）

【図表2　「NIKE×G-DRAGON（BIGBANG）」のコラボスニーカー】

「NIKE×G-DRAGON（BIGBANG）」のコラボスニーカー定価22,000円がヤフオクで75,000円で落札されている。

スニーカーの中でも人気がある「NIKE」ですが、NIKEの中でもコラボ商品やタイアップ商品などは、販売される数量と販売期間が限定されているので、比較的に高確率でプレ値になりやすいです。

例えば、韓国の人気K-POPグループである「BIGBANG」のメンバーG-DRAGONと「NIKE」のコラボ商品である「エアフォース1 Para-Noise」というスニーカーは、定価が2万2，０００円でしたが、メルカリやヤフオクなどでは約2倍から4倍近くの4万5，０００円から8万円くらいで買われています。

【図表３　「ヴィトン × シュプリーム」のパーカー】

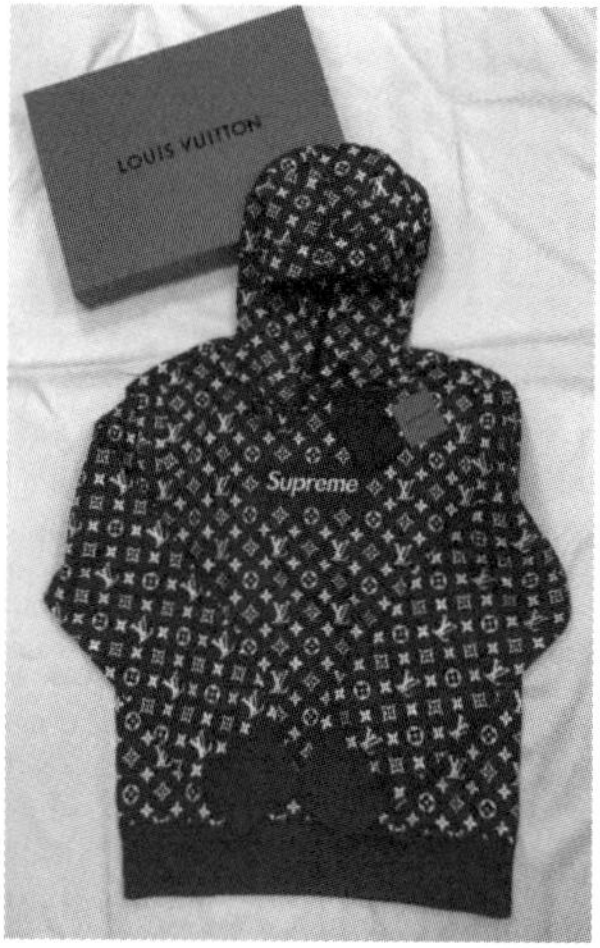

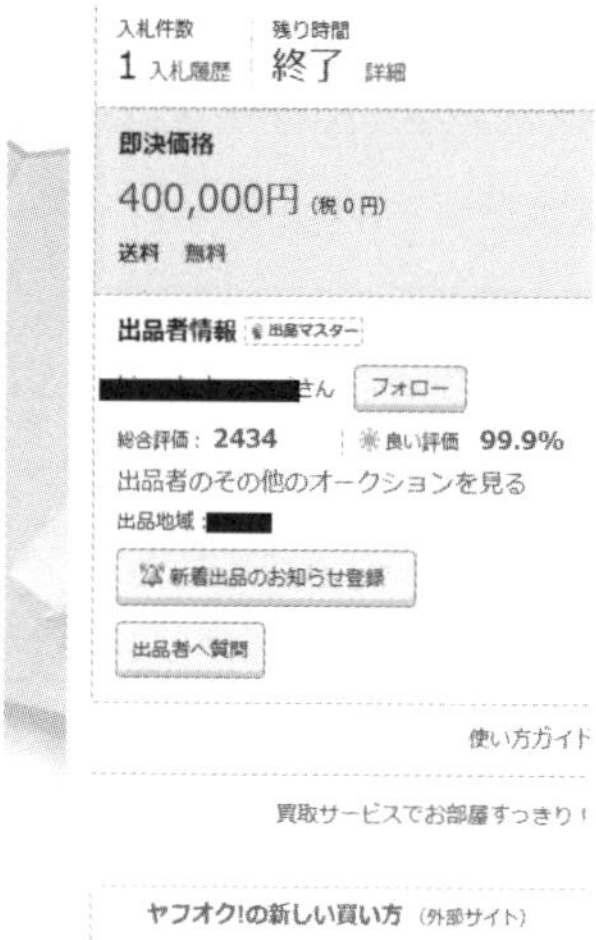

「ヴィトン × シュプリーム」の定価 131,760 円のパーカーがヤフオクで 400,000 円で落札されている。

②　洋服

Supreme（シュプリーム）

10代～40代の幅広い年齢層に絶大な人気のあるストリートブランド「Supreme」は、ハイブランドである「ルイヴィトン」とコラボレーションしたことにより、ここ数年でプレ値になりやすい商品として有名です。

例えば、Supreme × Louis Vuitton のコラボ商品で「Louis Vuitton/Supreme Box Logo Hooded Sweatshirt」というパーカーは、定価が１３１，７６０円で販売されていましたが、ヤフオクなどでは50万円で落札されています。

こちらの商品は２０１７年の夏に発売されたにもかかわらず、３年後の２０２０年でも40万円で買われている欲しい人が多い人気商品です。

③　ゲーム

海外でも人気がある日本のゲーム

ゲーム関連商品も転売しやすいカテゴリです。任天堂やＳＯＮＹといった日本のゲームは、海外でも人気があり、日本国内に買取業者をつくり、定価よりも高く買い取る海外の会社もあります。

例えば、ニンテンドースイッチは、コロナ禍では生産が追いつかず、全国各地で転売屋が大量に仕入れて海外に送る業者に転売したり、ネットで転売したりして話題になっていました。

任天堂が販売する小売価格は２９，９８０円ですが、メルカリでは5万円くらいで購入されています。

また、転売が面倒な人や大量に購入した人は、先述した専門の買取店にニンテンドースイッチを持って行き、１台３８，０００円〜4万円くらいで買い取ってもらっています。つまり、３万円くらいで買ったニンテンドースイッチが10台あれば、１台に4万円で買い取ってもらえれば、右から左に流して即金で10万円が儲かるという勘定です。

④　DVD

転売初心者向きカテゴリ

DVDは、転売初心者に向いているカテゴリです。理由は、かさばらないのと、売れる商品が商品バー

【図表4　レンタル落ちＤＶＤ】

オークション落札商品　中古

★☆ 湾岸ミッドナイト 全13巻 完結セット レンタルアップ DVD 湾岸 MIDNIGHT ☆★

「★☆ 湾岸ミッドナイト 全13巻 完結セット レンタルアップ DVD 湾岸 MIDNIGHT ☆★」はヤフオク!で4041（100%）の評価を持つsoyokaze_knightから出品され、1の入札を集めて12月28日 00時46分に、22,000円で落札されました。即決価格は22,000円でした。終了1時間以内に1件入札され、22000円上昇しました。決済方法はYahoo!かんたん決済に対応。着荷時からの発送料はG*/H***が負担しました。ＰＲオプションはYahoo!かんたん決済、取りナビ（ベータ版）を利用したオークション、即買でした。

落札価格 **22,000** 円

このカテゴリのトレンド

総落札数	総落札額	平均落札額
74件	175,670円	2,374円

※2020年12月28日〜2021年01月03日のカテゴリ状況。

広告表示設定 ⌧

60万件 のご依頼が 待っています

買取の依頼増やしたいなら！

おいくら？

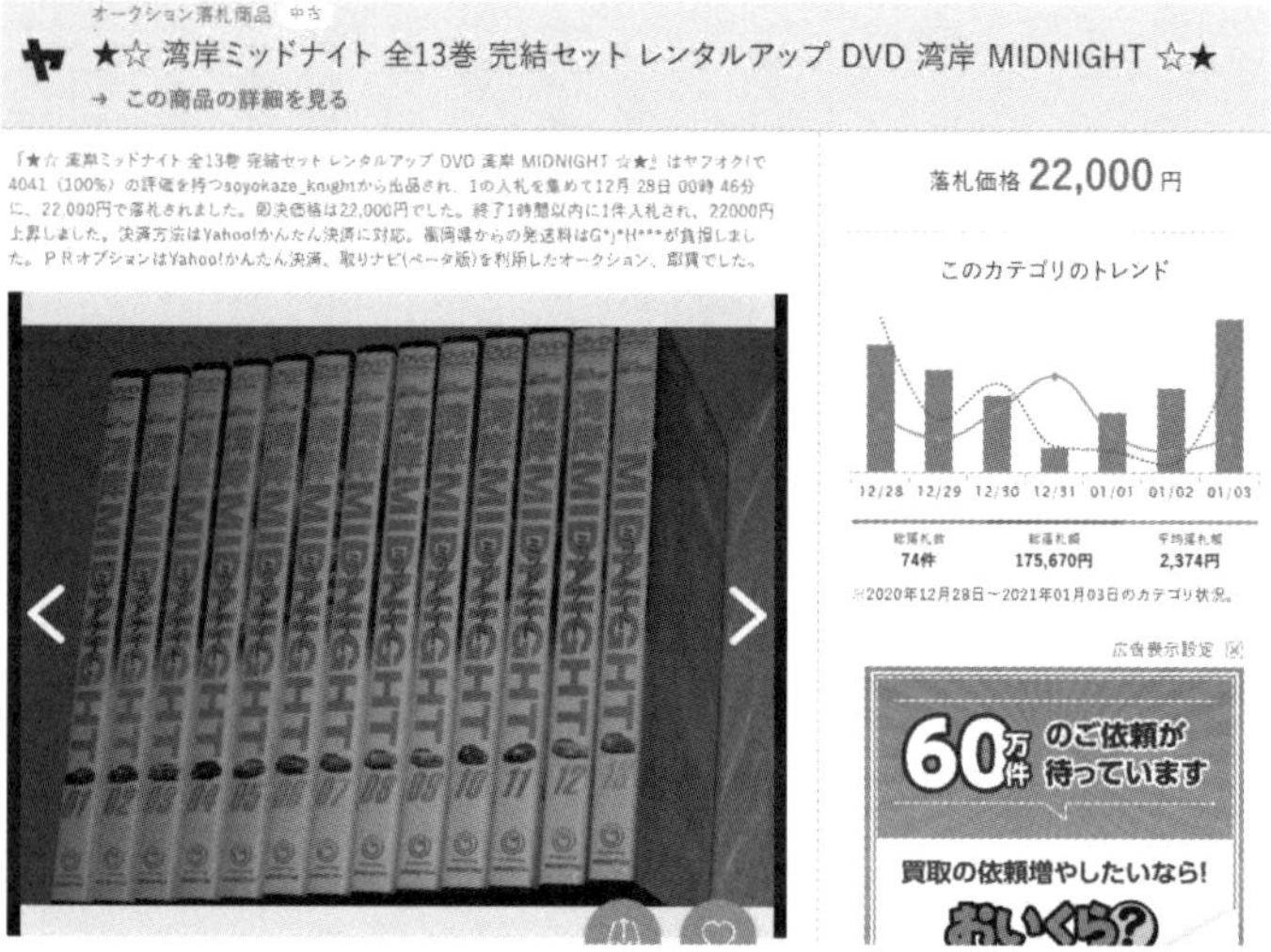

レンタルショップで使われていた中古 DVD が 22,000 円で落札されている。

コードだけですぐに判別できること。利益が出やすいというメリットがあります。

ネットフリックスや Amazon プライムといった動画ストリーミングサービスが流行しているのに DVD なんて売れるの？　と思う人もいるかもしれません。

しかし、動画ストリーミングサービスでは配信されていない映像などは、DVD でしか視聴することができないため、コアなファンからは根強く Blu-ray ディスクと共に人気があります。

初回限定版やメーカーの生産終了品、レンタル落ち DVD などは利益を出しやすいです。

⑤　フィギュア

ライバルが少なく長期的に稼げる市場

フィギュア（人形）は、コアなマニア

【図表５　仮面ライダーシリーズのフィギュア】

「仮面ライダーギルス」のフィギュアは、メルカリで 2,000 円くらいで買えるが、Amazon だと 5,021 円で販売されている。

が多いカテゴリです。このカテゴリに詳しくなると長期的に稼いでいくことができます。

その分、知識と情報を知っておく必要があり、似たようなフィギュアでもファンからすると全く違うものになってしまいます。

だからこそ、このカテゴリに詳しくなると、ライバルが少なく、長く稼ぐことができるようになります。

フィギュア転売の特徴としては、供給が少ないのに対し、需要が多く、マニア性が非常に高いので、高額でも欲しい人が多いことです。

ここでも儲かりやすい商品は、人気アニメや漫画のキャラクターや生産数が限られた期間限定品になります。

【図表6　鬼滅の刃のフィギュア】

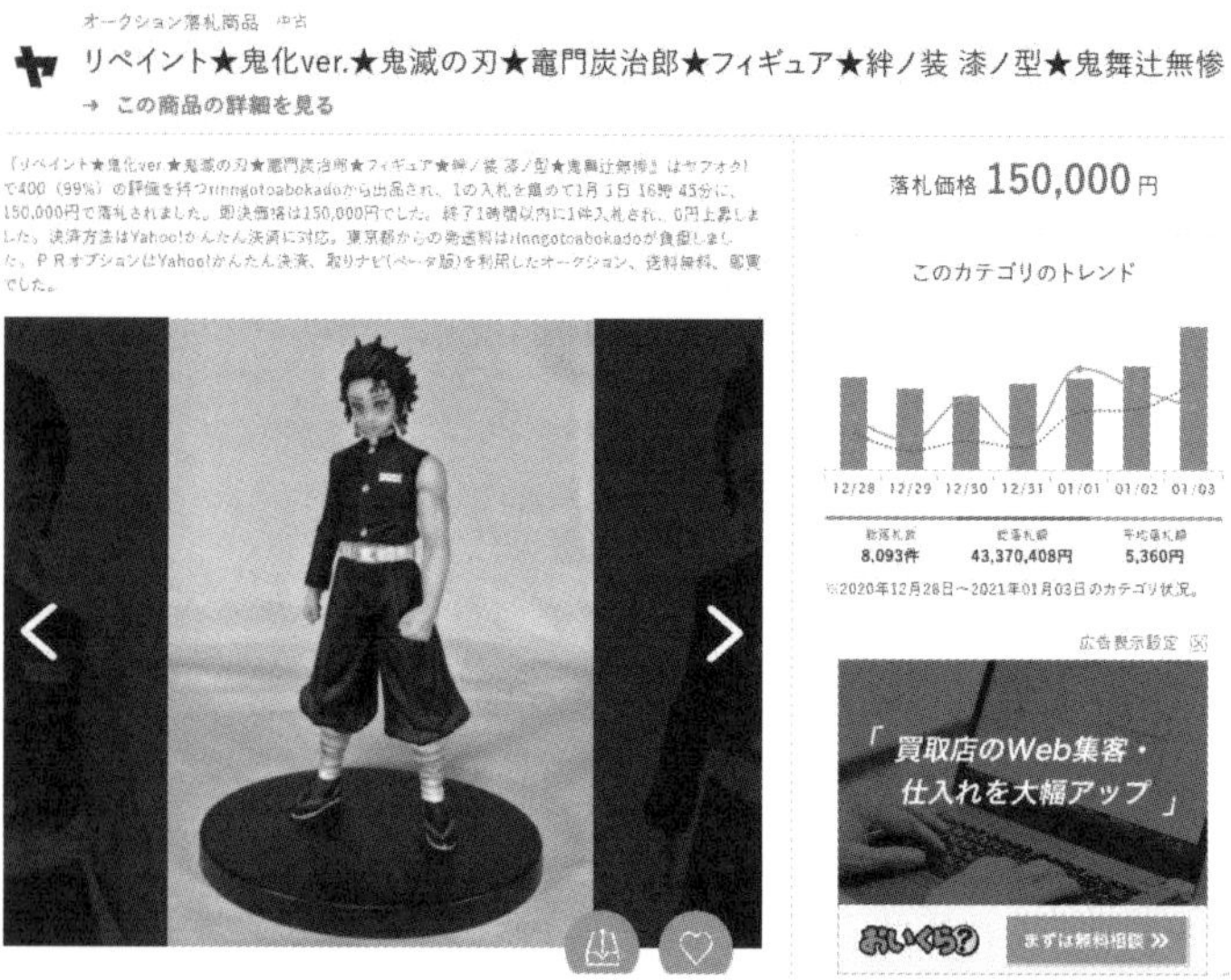

こういったフィギュアにペイントを施すだけで
一気に150,000円に値上がりする。

例えばですが、BANDAI SPIRITSから発売されている「S.Hフィギュアーツ」に仮面ライダーシリーズのフィギュアがあります。

「仮面ライダーギルス」というフィギュアは、Amazonで5，021円くらいですが、メルカリだと2，000円くらいで買うことができます。これを転売すると粗利益で3，021円になります。

また、大人気アニメ「鬼滅の刃」とローソンがコラボした商品は680円で売られていましたが、とある一手間を加えることにより680円が10万円になり売れていました。

一手間とは、「リペイント」といって、既成のフィギュアに上から新しく塗装

【図表７　まんが「三国志」のセット中古本】

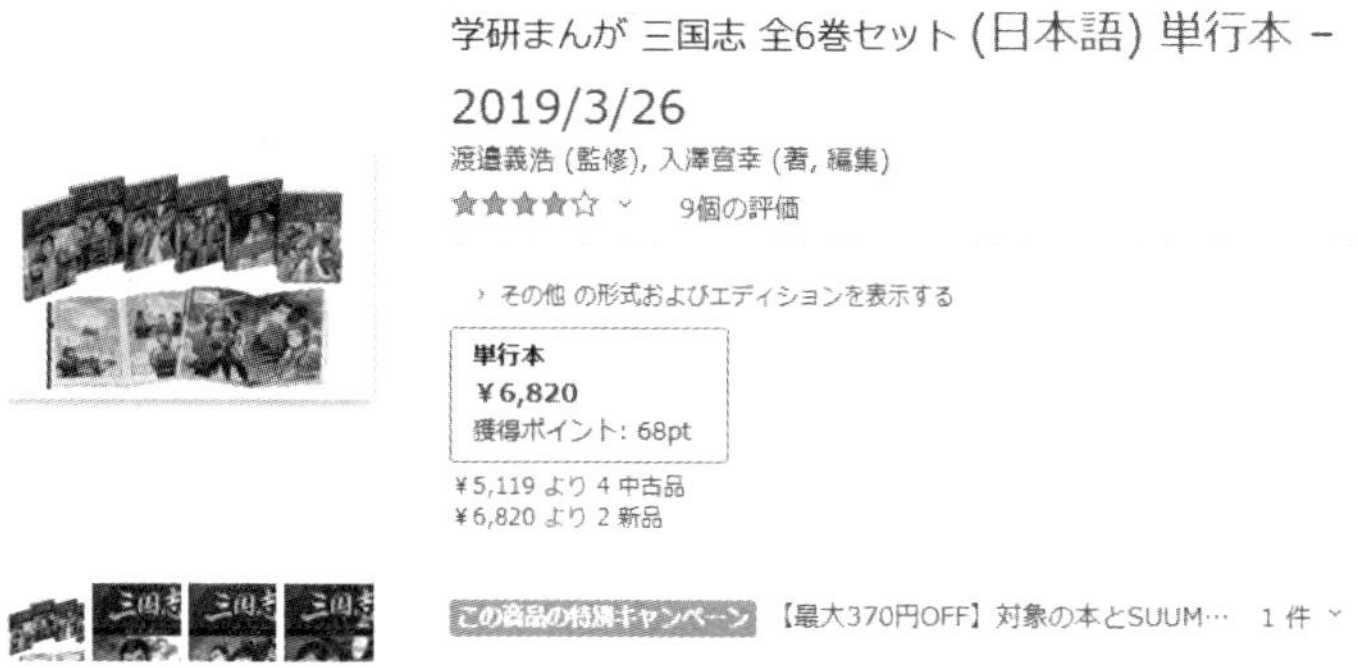

1冊50円×6冊＝3,000円くらいの中古本が、セットにするだけで5,000円以上になる（販売先はAmazon）。

を施すことで、それだけで高額で売れていくというものです。

このようにトレンドのフィギュアに一手間加えるだけで、１５０倍もの値上がりがするのもマニア心をくすぐる方法です。

⑥　本

１冊は安くても全巻セットだと高額に

商品の単価も安く、昔からある本の転売は、「せどり」と言われています。本の背表紙を取ることがせどりの語源です。

稼ぎやすい種類はいくつかありますが、ここでは漫画のコミック全巻セットを紹介します。

例えば、三国志の単行本全6巻などは、古本屋などでは1冊50円くらいで販売されており、1冊50円×6冊＝３００円で仕入れることができます。これをAmazonで中古品として販売しても5，０００円～6，０００円

【図表8　雑誌とブランドがコラボした商品の付録】

TAKEO KIKUCHI　　大容量 蛇腹　長財布　　MonoMaster雑誌 2020年6月
号　　　付録のみ

→ この商品の詳細を見る

「TAKEO KIKUCHI　大容量 蛇腹　長財布　　MonoMaster雑誌 2020年6月号　　付録のみ」
はヤフオクで(45)（100%）の評価を持つomakoto8fromita302から出品され、450の入札を集めて12月
14日 22時 45分に、2,850円で落札されました。終了1時間前に12件入札され、100円ずつ上がった。支
決方法はYahoo!かんたん決済に対応。近道便または宅急便でのゆうパケット（一）が選択されました。PRオプションは
Yahoo!かんたん決済、取りナビ（ベータ版）を利用したサービスか、発送でした。

落札価格 2,850 円

このカテゴリのトレンド

12/28 12/29 12/30 12/31 01/01 01/02 01/03

出品者数	出品者数	平均落札価格
203件	149,799円	738円

〜2020年12月28日〜2021年01月03日のカテゴリ状況。

「買取店のWeb集客・
仕入れを大幅アップ」

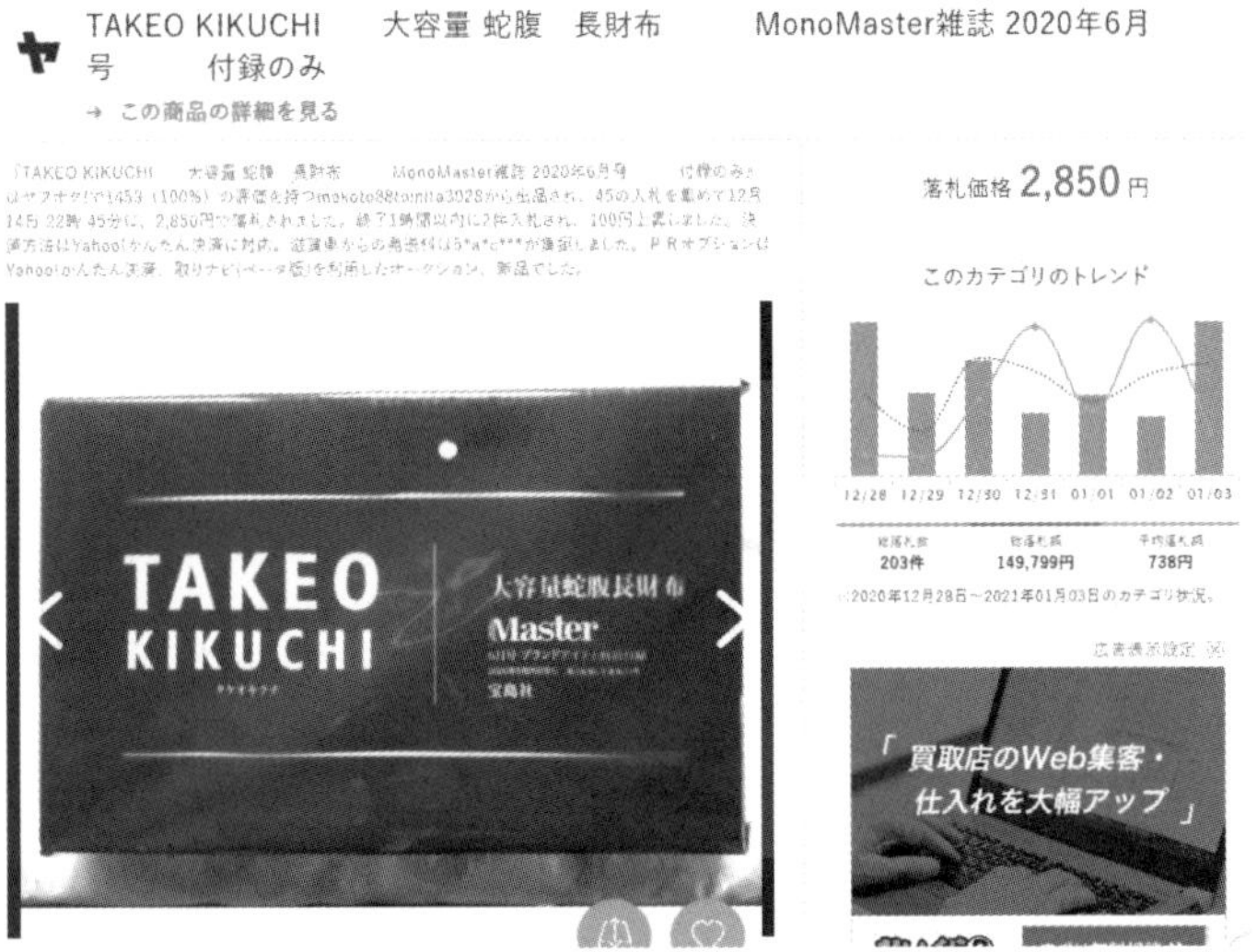

雑誌とブランドがコラボした商品の付録だけ欲しい人はいる。

で売れるのです。20倍くらいで売れていることがわかります。

1冊ごとの本の転売だと労力の割には利益が少ないのでしんどいですが、このようにセット本として買って売ると利益は大きく、労力は1回で済むのでおすすめです。

コンビニ商品でも稼げます

コンビニで買える雑誌なんかでも稼ぐことは可能です。有名アーティストが表紙に出ていたり、ブランドメーカーの付録がついてたりする雑誌は、メルカリやヤフオクに出すだけで売れて行ったりします。

何でコンビニで買えるのにわざわざメルカリやヤフオクで買うの？　と思う人

もいるかもしれませんが、多くの人は日々の仕事や家事に忙しく、発売されたのに気がつかない人もいます。さらに地方や郊外に住んでいる人であれば、近くのコンビニで販売されていてもすぐに売り切れてしまい、買う機会を失ってしまう人たちもいるのです。そういった人たちは、高くてもフリマアプリやAmazonなどで買っているのです。

4 「スマホ＋行動力」さえあれば即お金になるのはコレ

スマホからネット接続が24時間ＯＫ

２０１０年くらいまでは、インターネットに繋ごうとするとパソコンを使う必要がありました。どれだけコンパクトなノートパソコンであっても、いつでもどこでもすぐネットにアクセスするには多少の面倒くささがありました。

ですが、２００８年に日本で初めてiPhoneが登場して以来、徐々に私たちの生活の中にスマホからダイレクトにネット接続ができるようになり、24時間いつでもオンライン状態を保つことができるようになっています。

オンラインビジネス初心者がスマホ１台で稼ぐ方法

今後、この流れは変わることなく、益々スマホを使ってインターネットのサービスを利用するのが当たり前となってきます。このような背景があり、オンラインビジネスでもスマホ1台あれば稼げる状態になってきています。

そこで、ここでは初心者がスマホ1台と行動力さえあれば稼げる方法をお教えしていくことにします。

オンラインビジネスの初心者がスマホ1台でビジネスをするには、「スマホアプリ」を使って転売して稼ぐことです。いくつか代表的なスマホアプリがありますので、各アプリの特徴と共に紹介していきます。

① ラクマ：https://fril.jp/

販売手数料の安さが魅力的なフリマアプリ

楽天が運営する「ラクマ」は、累計ダウンロード数2500万を突破した市場規模の大きいフリマアプリです。

商品が売れた際に利益から引かれる販売手数料が3・5%なので、メルカリなどの他のフリマアプリと比較して割安なのが特徴です。

ファッション、コスメ、ハンドメイドなど、女性向けアイテムが売りやすいのが特徴で、出品する商品にバーコードがあればその商品バーコードをスキャンすると、商品名や商品カテゴリなどの情報が自動入力されます。

②　ジモティー：https://jmty.jp/
近所で買いたい人を探す「フリマ掲示板」

「ジモティー」は、自分が住んでいる地域の情報掲示板アプリです。不用品売買から地域バイト、不動産やお店など、地元の情報を気軽に入手・発信できるフリマアプリです。

地元のユーザーと直接取引をするため、梱包や発送、決済などの手続は不要です。引っ越しなどで出る大型家具や家電などを回収業者を使わずに廃棄したい場合や、梱包や発送に困る大型商品を気軽に売りたい場合など、様々な用途で利用できます。

③　オタマート：https://otamart.com/
アニメ・マンガ・アイドル専門アプリ

「オタマート」は、アイドルグッズやコスプレグッズといった、いわゆるオタクグッズに特化したフリマアプリです。

「アニメ／コミック」「フィギュア／プラモデル」「ゲーム機／ソフト」「コスプレ」などのカテゴリが用意され、商品を作品名やキャラ名で出品することができます。

オタマートは、リサイクルショップや他のフリマアプリでは手に入らないキャラクターやアイドルなどのグッズを探している人が多く、そういった商品は高く売れています。

食玩や懐かしのおもちゃなども出品できるので、意外なモノが高額で売れる可能性を秘めているフリマアプリです。

④　ココナラ：https://coconala.com/

スキルや経験が売買できるフリマアプリ

「ココナラ」は、ロゴのデザインやホームページの作成、動画制作やナレーションなど、専門知識や経験を売買できるスキルのフリマアプリです。

ユーザーは、130万人以上いて、デザイナーやコピーライターなど10万人以上の専門家が特殊な技術を出品しています。

ココナラは、これまで紹介してきた物品を販売するのではなく、自分が持つスキルや経験を販売するフリマアプリです。ですので、在庫を持たずにリスクなくビジネスができるこれまでとは違うフリマアプリです。

⑤　メルカリ：https://www.mercari.com/jp/

圧倒的ユーザー数を誇るナンバー1フリマアプリ

フリマアプリの代表格がメルカリです。国内の月間利用者数1500万人、累計出品数15億品を超える最大手フリマアプリです。参加ユーザー数が多いので、商品が多くの人の目に触れ、結果的に売れやすいという好循環になっています。

⑥　ヤフオク！：https://auctions.yahoo.co.jp/
日本最大級のネットオークションアプリ

ヤフオク！では、数倍以上の入札額がつくことも！

ヤフオク！の特徴は、オークション形式を導入しているところです。出品者は商品価格を決めて出品するのですが、人気がある商品であればそのとおりの値段で購入されるとは限りません。多くの人が注目すればするほど入札は増えていき、それに伴って値段も上がっていきます。出品した金額の数倍以上の入札額がつくこともあります。

このように活発な入札戦が繰り広げられることがヤフオク！の特色といえます。また、出品数が多いというところもヤフオク！の特徴です。

5　ショッピング感覚で商売をすることから始めよう

散歩ついでに副業ができる

これからの時代は、スマホ1台からでも副業スタートが可能だとお伝えしてきました。しかも、ビジネスをするという感覚ではなく、お散歩がてらウィンドウショッピング感覚で副業ができてしまう方法もあります。

ここでは、ショッピング感覚で商売ができる場所についてお教えしようと思います。

お店で安い商品を見つけてネットで高く売る。そんな国内転売の仕入先を紹介していきます。

①　ハードオフ：https://www.hardoff.co.jp/

ハードオフは、テレビやパソコン、ゲーム機、カメラ、スマートフォンといったハード機器を中心に取り扱っているリサイクルショップです。

ここでは、中古品だけでなく未使用品や壊れたジャンク品までをも買取り・販売までをしていて、全国に360店舗あります。

日々、多くの買取りを行っており、ハードオフで販売されている商品には、ネットで販売すると儲かる商品を見つけることができます。

・オフハウス：https://www.hardoff.co.jp/offhouse/

オフハウスは、ブランド品や洋服などファッション用品を中心に買取りをしているお店で、その他にも家具やおもちゃ、子供用の玩具なども売られています。

また、冷蔵庫や洗濯機などの大型の白物家電も取り扱っています。全国に800店舗あります。

・ブックオフ：https://www.bookoff.co.jp/

ブックオフは、マンガ、雑誌、CD、DVD、ゲームなどを扱っており、転売する人たちの聖地のような場所です。商品単価が低いので量をこなす必要がありますが、その分ライバルも一部の人たちしかやらないので有名な割に意外と穴場だったりします。こちらも全国に801店舗あります。

② TSUTAYA：https://tsutaya.tsite.jp/ GEO：https://geo-online.co.jp/

それぞれ全国に約１０００店舗あるレンタル業界のガリバー的存在であるTSUTAYAとGEOでは、主にゲームソフト、CD、DVD、ブルーレイ、ゲーム周辺機器、レンタルアップCDなどが仕入対象となっています。

レンタルがメインですが、販売も行っており、ここで利益が出る商品を見つけて転売している人たちもいます。

③ **ドン・キホーテ**：https://www.donki.com/

ディスカウントストアの最大グループであるドンキホーテは、日本国内だけで５７９店舗ある大型ディスカウントストアです。

ここで仕入ができる商品は多岐にわたるので、店頭に陳列されている商品すべてが仕入対象となるのですが、それだとあまりにも時間がかかり過ぎるので、転売で利益が出やすい商品ジャンルをお教えしておきます。

■ドン・キホーテ転売で利益が出やすいジャンル

「おもちゃ」「生活家電」「デジカメ」「ビデオカメラ」「スポーツ用品」「水筒&キッチン用品」「食品」「ヘルス&ビューティー」――これらのうちとくに前掲の7ジャンルに絞って探すと見つかりやすいです。

【図表９　ドンキ・ホーテの
Web チラシ】

ドンキホーテの Web チラシに
セール情報が掲載されている。

④　イオン：https://www.aeonretail.jp/

イオンは、全国に１９０９４店舗あり、イオンがない都道府県は、２０２１年１月時点では福井県と山口県と長崎県のみです。イオンは、大きく５つのジャンルに分けられます。

まず１つ目は、おもちゃ・ゲームです。イオンで仕入れる商品は、おもちゃ・ゲームが一番狙い目です。人気があるおもちゃやゲームならば、発売直後は需要が多いため価格が高騰しやすいからです。

また、発売直後ではなく、需要のピークを過ぎている商品や中古品でも売れることが多いです。

イオンのおもちゃ・ゲーム売場は、よくワゴンセールや在庫処分セールが行われており、このようなお値下げ品を買えれば、利益を得られる商品は多数あります。

２つ目は、ベビー用品です。おもちゃコーナーを見る転売ヤーはいますが、ベビー用品コーナーを見ない人は結構いますす。なので、定価よりも安くなっているセール商品が残っていることは多々あります。

３つ目は、家電製品です。とくに美容家電と季節家電は利益が出やすいです。型落ち商品はもちろんのこと、人気商品でも安く販売されている場合が多いです。

４つ目は、ホーム・キッチン用品です。安くなっている商品が多く、日常生活で頻繁に使うため売れていくまでの時間が早く、しょっちゅうセールが行われています。

５つ目は、ヘルス&ビューティー商品です。ヘルス&ビューティー商品は、ワゴンセールや値引シールが多く、利益が出る商品を見つけやすいです。

化粧品のスキンケア・ヘアケア用品は薄利ですが、消耗品なので売れるまでのスピードが速く、大量に買ってもすぐに売れていきます。

⑤　セカンドストリート：https://www.2ndstreet.jp/

セカンドストリートは、日本全国に約５０８店舗展開している大型のリサイクルショップで、主にブランド品やファッションアパレルを取り扱っています。

ここで安く仕入ができたら、相性がいいメルカリで販売してみてください。

⑥　**古本市場**：http://www.furu1.net/

古本市場は、全国に約85店舗ある中古本のリサイクルショップで、その名のとおり中古の本の買取・販売を行っているお店です。ですが、ゲームやCD、DVDにおもちゃなども取り扱っています。

⑦　**コストコ**：https://www.costco.co.jp/

コストコは、全国に27店舗しかないアメリカ生まれの会員制小売店です。店舗数が少ないので、意外と仕入をする人が少なく、穴場な仕入場所です。

また、卸売型のお店なので、購入制限がなく、正に転売するには持ってこいのお店です。

ここで仕入ができる商品ジャンルは、「家庭用品」「カー用品」「家電」「食品」「オフィス用品」「おもちゃ」「日用品」「衣服」「キャンプ用品、アウトドア商品」「ヘルス&ビューティー」があります。

⑧　**家電量販店**

仕入対象として利用するのは、次のような家電量販店です。

・ヤマダ電機：https://www.yamada-denki.jp/store/
・ヨドバシカメラ：https://www.yodobashi.com/ec/store/list/
・エディオン：https://search.edion.co.jp/e_store/
・コジマ：https://www.kojima.net/shop/shoplist/

・ビックカメラ：https://www.biccamera.com/bc/i/shop/shoplist/index.jsp
・ソフマップ：https://www.sofmap.com/tenpo/
・ケーズデンキ：https://www.ksdenki.com/shop/store/store_search.aspx

転売の中でも利益額が高く人気があり、安定して儲かるジャンルが家電です。こういった実店舗型で売られている価格とネットで販売されている価格に差益があり、そういった商品をスマホ1台で見つけて転売をしていきます。

家電量販店で販売されている商品は、基本的に新品なので値段は定価です。定価の商品だとプレミア化でもしない限り転売しても利益を出せません。

ですが、セール中の家電量販店に行けば定価を大幅に下回る価格で新品を購入できるため、簡単に利益を出すことができます。家電量販店でチェックすべき点は次のとおりです。

■家電量販店でチェックすべき点は…

・セールをチェック

「年末セール」「決算セール」「在庫一掃セール」「展示在庫一掃セール」「開店セール」「閉店セール」――このような1年に何度かあるセール時に行くと安く買えます。

・仕入れるときのコツ

各ブランドのお店ごとに値札に張られている表記には意味があります。例えば、ヤマダ電機だと商品番号の末尾に「E」と記載してあると、廃盤商品または生産終了品を意味しています。

ですので、ネット上ではプレ値になっている可能性が高く、大きく利益が取れる可能性がある商品です。

・ワゴンを見る

ワゴンセール商品は、必ずチェックしましょう。ジャンルごとに入っているワゴンよりも、ゴチャ混ぜになっているワゴンがお買い得品を見つけやすいです。

・複数の店舗を回る

1つの店舗だけで終わるのではなく、複数店舗を回るようにしましょう。同じヨドバシカメラでも地域ごとに商品特性も変わるため、A店ではなかったものがB店ではあるなんてことも間々あります。

あとは店員さんと仲よくなって、入荷情報やブランドの最新情報も教えてもらえるようになってください。それと複数の商品を買うときには、ダメ元でもいいので、「まとめて買うので安くなりませんか？」と聞いてみましょう。

向こうも在庫を抱えているより早く手放したいという気持ちがあるので、タイミングが合えば値札よりも更に値引をしてもらえます。

⑨　地域密着・個人経営のリサイクルショップ

最後に番外編として、各地域にしかない個人が経営しているようなリサイクルショップがあれば足を運んでみましょう。

その地域にしかないということは、それだけライバルも少なくて全国チェーンのように価格統制されてない（できない）ので、ビックリするほどの激安価格で儲かる商品を買えてしまうことがあります。

また、週末に開催されているフリーマーケットもおすすめです。私も副業時代に地元のリサイクルショップに行き1万円以上の利益が出るプラモデルを買ったり、日曜日に開催されていたフリーマーケットで1つ5，000円の利益が出るCDを10枚買えたことがあります。

6　大企業は年に1回は必ず在庫を大量に手放す。決算時期を狙え！

決算時期は商品が激安で販売される

企業は1年に1回、決算をします。決算とは、1年間の実績をまとめて計算し、利益や損失がいくら出たかを計算することです。

そのため、企業は1年に1度の本決算の直前に抱えている在庫をすべて処分したいという意向から、多くのお店で激安で商品が販売されます。赤字になっても抱えている在庫を売り切ってしまおうというのが決算セールです。ちなみに、日本の企業は年度末に当たる3月決算が圧倒的に多いです。

ほとんどのお店では、公式ホームページやTwitterなどのSNSで、決算セールの予告をしています。行く前にチェックしておくといいでしょう。

新型製品が発売されたといって旧型製品が売れないことはない

家電製品においては、新しい製品が発売される1か月前くらいから、旧型製品が値引きされて売られているので安く買えるチャンスです。新型製品が出たからといって旧型製品が売れないということはありません。

世の中にはいろんなニーズがあって、使い慣れた旧型製品を使い続けたいというニーズは常にあります。慣れ親しんだ旧型製品を手に入れるためには、値段が高くなっていても買いたい人はいるので、このようなモデルチェンジの型落ち品はお宝商品になります。

7　ネットで買ってネットで利益が出るカラクリ

インターネットだけで転売を完結できる

これまで説明してきたのは、お店に行って商品を安く買い、ネットで高く売る国内転売の仕入場所をご紹介してきました。

これ以外にもネットで買ってネットで高く売るという国内転売もあります。

国内転売のやり方

各ネットショッピングサイトには、顧客の特性が存在しており、Amazonで買う人はAmazonしか見ていません。楽天で買う人も楽天しか見ていない人がほとんどなのです。

他のサイトがいくらで売られているかという、他サイト同士の相見積りをする人はほとんどいないのが現状です。同じショッピングサイト内でのみ商品を探して購入しています。

そして、現状として、Amazonで高く売られている商品が、メルカリで安く売られていたり、もしくはAmazonで安く売られている商品が、ヤフーショッピングで高く売られたりといったことが起きています。

また、各メーカーなどが運営している自社のネットショップだと、Amazonや楽天などより安く商品が買えることが多々あります。

こういったサイトごとの価格差を調べて、商品を購入して販売することで利益を出すのが、ネット国内転売（電脳せどり）という方法です。

インターネットがあればどこでも月収１００万円は稼げる

ネット国内転売ができるようになると、どんな僻地に住んでいても、ネットで仕入れてネットで売ることが可能になります。

このやり方で副業として稼ぐサラリーマンや公務員は数多くいて、帰宅後や週末に在宅で作業をして月収10～100万円までを稼ぐ人は年々増えています。

在宅ワークが普及し、副業がほとんどの企業で解禁になったので、ネットで買ってネットで売るネット国内転売で収入を得る人は増えていくと思います。

8 オンラインで世界と繋がり国内外に商品を届けて稼ぐ

すぐに買いに行けない人の需要を満たす

日本で売られている商品と海外で売られている商品に価格差があるのはご存知だと思います。これは単に為替の影響もあります。

私がオンラインビジネスを始めたのは2010年頃です。このときは空前の円高で1ドルが75円くらいまで高騰していました。

2021年の1月で1ドル103円くらいですので、約30円ほど高かったわけです。そうすると1ドル103円換算で100ドルの商品を購入すると、日本円だと10，300円で買うことになりますが、2011年の1ドル75円のときだと7，500円で買えていたということです。つまり、現在よりも2，800円ほど安く買えていたのです。

日本で販売されている輸入品は、為替の影響で価格調整はほとんどされません。ですから、日本で1万円で売られている商品があったとしたら、単純に日本からネットで米国から同商品を7，

５００円で仕入れれば、その差益が粗利益となります。

もちろん、ここに送料や販売手数料が加わるので、このくらいの差益では儲けは少ないですが、日本で売られている商品価格が２万円だとして、米国で同じ商品が１万円で売られているケースもあります。そのような商品だと為替の影響に関係なく、単純に米国から仕入れて日本で転売するだけで利益が出てしまいます。

それに加えて、円高になればなるほど利益が増えていくのが、海外輸入ビジネスなのです。

海外から仕入れる商品は２種類に分けられる

海外から仕入れる商品は、大きく分けて２種類存在しています。１つ目は、欧米から仕入れるブランド品や海外正規メーカー商品です。２つ目は、中国や韓国といった日本より生産費用が安い国から仕入れるノーブランド商品になります。

１つ目の欧米から仕入れるブランド品や海外正規メーカー商品というのは、ヨーロッパであればルイヴィトンやエルメス、アメリカだとコーチやVANSなどが誰にでもわかる代表的なブランドです。

２つ目の中国や韓国から仕入れるノーブランド商品というのは、スマホ用のモバイルバッテリーやノーブランドの洋服などです。また、ハロウィンやクリスマスなどのイベントに使われるパーティーグッズなども中国から仕入れている場合がほとんどです。

【図表10　フラミンゴの浮き輪・日本と中国の販売価格の違い】

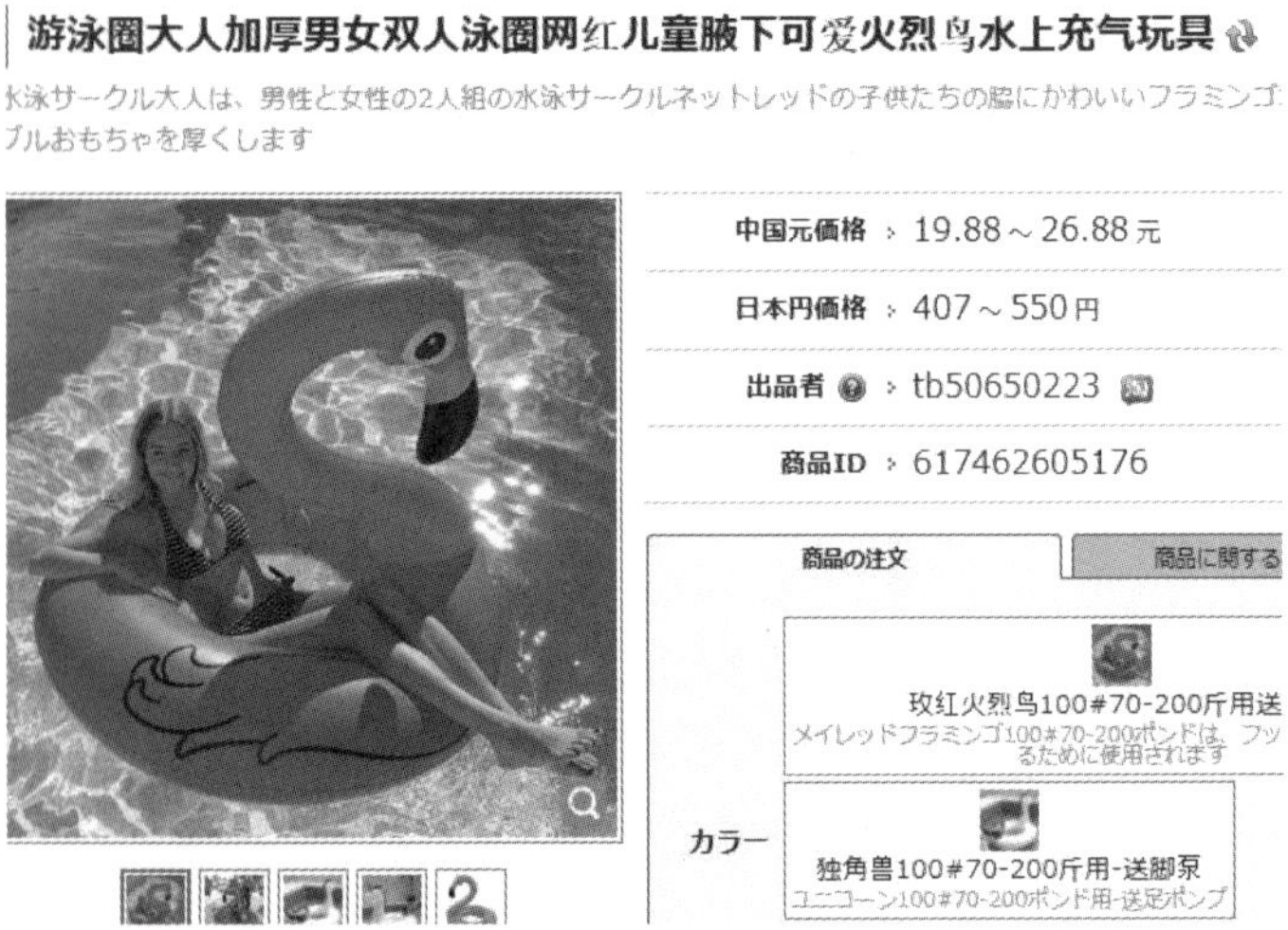

上がAmazonの商品ページ販売価格は1,380円。
下がタオバオの商品ページ販売価格は407～550円。

例えばですが、夏のプールや海などで使われる浮き輪で、フラミンゴの形をした商品は、数年前の夏にバカ売れしましたが、これをAmazonで買うと1，０００円くらいします。ですが、中国で全く同じ商品が５００円くらいで買えてしまいます。そうすると粗利益は50％になります。この利益率は低いほうです。

例えば、自動車のタイヤカバーはAmazonで1，７２０円くらいで販売されていますが、中国だと４００円ほどで仕入れることが可能です。

こういった商品をわざわざ欧米や中国、韓国に行かずとも、自宅からネットで注文できるのです。そして、届いた商品をネットで売るだけで稼ぐことができるので、完全に在宅オンライン副業ビジネスとして成り立っています。

東京以外に住んでいる人達の需要を満たす

日本は狭い国ですが、それでも47都道府県あり、人口も約1億３０００万人が住んでいます。日本の経済中心地は東京へ一極集中していますが、東京以外に住んでいる人口のほうが多いです。そうすると、すぐに商品が欲しいけれど、東京や都心部に出かけることができない人たちはたくさんいます。

こういったすぐに欲しいけれど東京や都心部まで買いに行けない人たちにとっては、私たちのような転売をする人達がお役に立てるわけです。

9　フランスでエルメスの財布が20万円、日本だと30万円という事実

ルイヴィトンやエルメスといった、海外のハイブランド商品が安く買えるサイトに「BAYMA」というショッピングサイトがあります。海外に住んでいる日本人バイヤーが、現地で売られている価格で商品を代理購入して、日本に住んでいる私たちに届けてくれるECサイトです。

ハイブランド商品が日本より安く売られている

私がフランス・パリへ行ったときのことです。せっかくフランスに来たからということで、フランス発祥で世界のセレブがこぞって愛する「HERMES」パリ本店へ行ってみました。そこでエルメスの長財布の値段を見てビックリしました。日本では30万円近くの価格で売られている同じ財布が、本場フランスでは20万円ほどの価格で売られていたのです。

さらに、エルメスのパリ本店近くにある、シャンゼリゼ通りに並ぶルイヴィトン本店にも行ってみました。ルイヴィトンでも、日本で売られている価格の20％ほど安い価格で売られていました。

VATを知っていますか？

ところで、フランスを含むEU加盟国に住んでいる人達にはVAT（Value Added Tax）と呼ばれ

【図表 11　ルイヴィトンのフランス・日本の価格の違い】

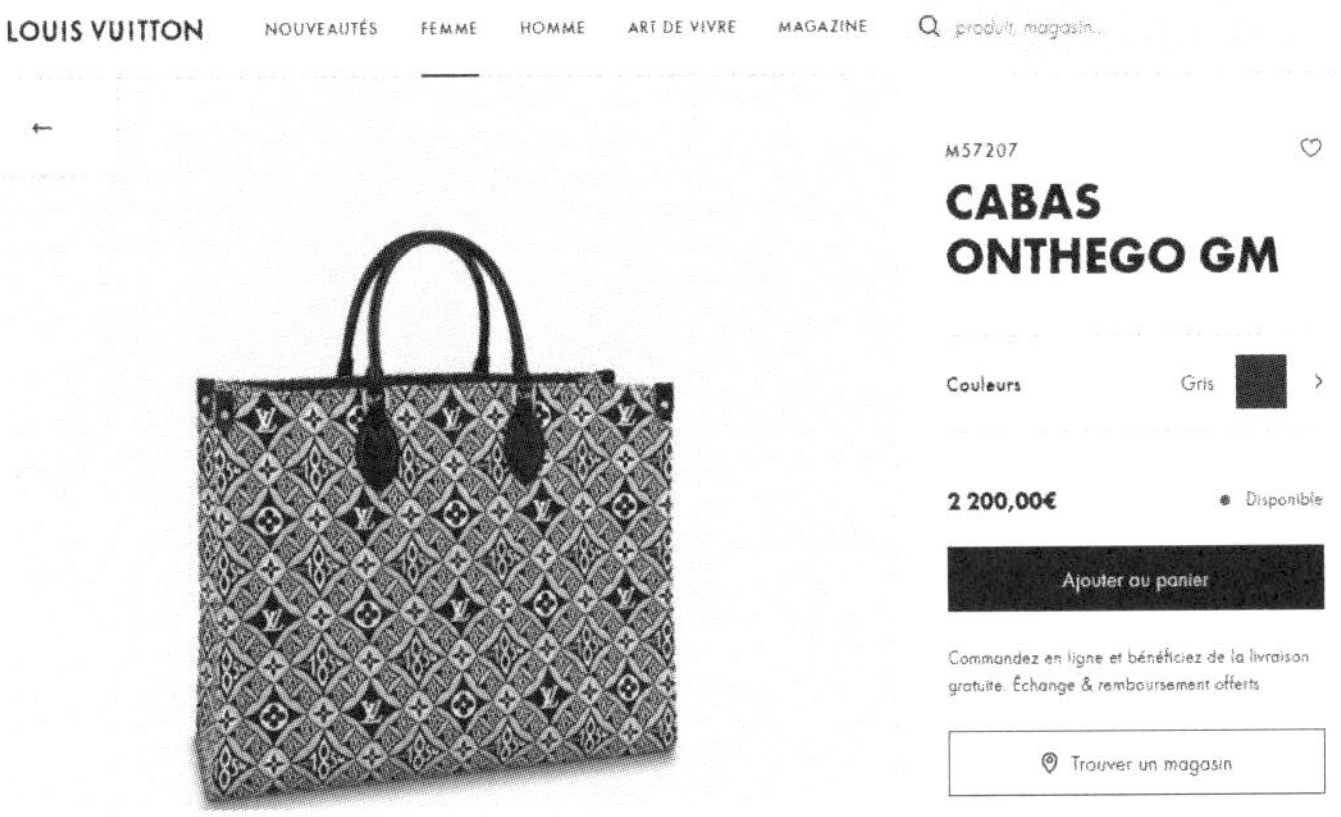

上がフランスのルイヴィトンで価格は 2, 200 ユーロ（約 279, 000 円）。下が日本のルイヴィトンで価格は 368, 500 円。その差額は 89, 500 円！
さらに付加価値税 20%が還付される

る付加価値税が20％加算されます。ですが、この付加価値税（VAT）は、EU加盟国に住んでいない私たちは免除されるのです。

例えば、日本で買うと20万円するルイヴィトンのカバンだと、フランスで買うと16万円ほどで売られています。さらに、この16万円の中には先述した付加価値税（VAT）が20％入っているので、EU加盟国に住んでいない人には還付されます。ということは、16万円の20％ですから3・2万円が返ってくるので、実質、日本で20万円で売られているルイヴィトンのカバンはフランスでは12・8万円で買えてしまうわけです。

これは、フランスだけではなく、イタリアやスペインといったEU加盟国であればほぼ同じ価格で買うことができます（イギリスだけはユーロではなくポンドなので、他のEU加盟国よりは少し割高）。

オンライン注文するだけで稼げて節約もできる

このように、日本で売られている値段よりも安く買えてしまうことを知ると、日本で買うのがバカバカしくなります。しかも、今の時代は、海外へわざわざ行かなくても、自宅からオンライン注文するだけで安く届けてくれます。

こういったやり方さえわかってしまえば、ビジネスとしても儲けることができますし、プライベートの買い物や生活費も節約できるようになります。

10　超激安・世界の工場である中国はこれからもっと最強の国になる

凄まじい勢いで成長している中国

日本人にとって中国と聞くと、偽物を平気で売っている国とか、教育が行き届いてなく、モラルがない国といったネガティブな印象を持っている人もいるかと思います。

私も、実際に中国から商品を輸入したり、中国に行ってみるまでは、似たような印象がありました。ですが、今の中国は、本当に凄まじい勢いで成長しており、経済大国世界2位というのを実感せざる得えません。

中国都心部は東京より発展している

実際に中国人とビジネスをしたり、中国本土に行ってみると、都心部に関しては日本より発展しています。

上海や北京、深圳などに行くと、もはや東京の数倍以上のビル群やマンションが建ち並び、街もIoT技術が浸透して、数年先へタイムトリップしたかのような感覚に陥るほどです。

今後、中国は、益々経済成長していきますし、世界での影響力も増してくることは確実視されています。そんな中国は、世界の工場と呼ばれているほど各国から商品製作の依頼を受けており、それは個人ビジネスや副業レベルの人でも依頼することが可能です。

中国で実際に仕入れできる場所を紹介

日本に住む私たちが、個人レベルで気軽に仕入ができる街と特徴を紹介しておきます。

何でも揃っている卸売市場／義鳥（イーウー）

福田市場という超巨大な卸売市場がイーウーにあります。福田市場は、中国国内だけでなく世界で一番大きな卸売市場です。端から端までの距離は約２㎞ほどあり、卸売店の数は約６万店舗もあるので、１日ではすべてを見ることはできません。

イーウーには世界中のバイヤーが集まっていて、彼らの欲しい商品は何でも揃っているといっても過言ではありません。ここで買えない物はないと言っていいレベルです。

アクセスの仕方は、上海まで行ってから新幹線で行くのがオススメです。

巨大な中国版の秋葉原／深圳（シンセン）

深圳は、広東省にあり香港の隣です。香港から新幹線に乗ればすぐに着きます。

華強北（ファーチャンペイ）と呼ばれる卸売市場は有名で、巨大な秋葉原といった場所です。数多くの電子製品が売られています。深圳は、電子製品を仕入れるには適した街です。

【図表 12　中国の深圳市にある電子卸街「華強北（ファーチャンペイ）」】

私も行きましたが、１個からでもサンプル用として買うこともできます。

激安でオリジナルアパレル商品がつくれる／広州（コウシュウ）

広州は、北京、上海に次いで中国第３の大都市です。

ここは、とくにアパレルが有名で、数多くのアパレル工場や卸売街があります。アパレル製品のオリジナル商品をつくってみたい人は、広州を視察してみるといいでしょう。

１００枚以上からという条件が多いですが、１枚当たりの単価が激安でつくってくれます。渋谷１０９などで６，０００円くらいで売られてる女性服が、広州だと３００円くらいで仕入ができたりします。

アパレルは、原価率が非常に安いので、需

要がある商品を仕入れれば儲かります。

11 世界にいるジャパニーズマニアの富裕層を狙え

世界の日本好きはこのサイトにいる

世界には、日本が好きなジャパニーズマニアと呼ばれる人たちがいます。彼らは、主に日本発のカルチャーやメイドインジャパンの製品を愛しており、常にそういった商品を探しています。

どれだけオンラインで世界が繋がっていたとしても、現実的な距離を埋めることはできません。つまり、どれだけお金を払ったとしても、日本に来るためには時間が必要になってきます。

そこで、こういったジャパニーズマニアが利用するのが、海外のECサイトです。中でもマニア属性が欲しがるような商品は、eBay https://www.ebay.com/ というサイトで売られていることが多く、日本人セラーはeBayを通じて日本製品を世界に向けて販売しています。

eBayは、世界に1・6億人のユーザーがおり、販売者は約2500万人いるという米国のインターネットオークションです。全世界版のヤフオクといった感じです。

しかし、eBayでの日本人セラーは、たったの3000人くらいしかいません。世界中に1・6億人のユーザーがいるにもかかわらず、日本人セラーはたったの3000人ほどです。日本の製品を欲しがってる外国人は沢山いるにもかかわらず、数千人程度の日本人セラーだけで独占しているような状態なのです。

　こういったジャパニーズマニアの外国人には富裕層も多く、中には驚くような超富裕層もいます。そして、彼らは、欲しい商品を「確実に」手に入れるためなら、どれだけ高額でも払う傾向にあります。そこで彼らを顧客にして、あなたのファンになってもらうことで、大きな利益を手に入れることが可能です。

信頼できる日本人セラーになれ

　最初は、eBayでの販売者と購入者から関係がスタートしますが、商品と共にショップカード（名刺）を入れておくことで、直接取引ができるようになります。

　eBayを通さずに取引できると、買う側は不要な手数料を払わずに済むと思え、売る側は同じ商品を販売するライバルと価格を比べられることがなくなります。

　お客さん視点から考察すると、海外から商品を買うときに、値段が安いか高いかよりも確実に商品を送ってくれるより信頼できる販売者を求めています。信頼関係が構築できる日本人セラーと出会えれば、彼らが望む日本製品をいつでも好きなタイミングで、信頼できるセラーから買えるようになり、長期的な関係を築き上げていくことができるようになります。

　これは、販売者側に安定した収入をもたらすことにもなります。定期的に海外の顧客からの注文依頼をメールで受けて、先に入金してもらい、受け取ったお金から日本で商品を買って、海外へ向けて発送する。このようにリスクなく安定した売上をつくることができるようになります。

海外で売れている日本製品は2つある

それでは、どのような日本製品が海外で売れているかをお教えしていきます。大きく分けて2つあります。

1つ目が、「日本でしか買えない商品。または日本カルチャーの商品」です。カテゴリで表すと、1位は「おもちゃ」、2位「カメラ」、3位「ゲーム」となっています。1位のおもちゃとは、日本のアニメグッズなどで、2位は日本製のカメラなどです。3位は任天堂やSONYなどのゲーム関連商品です。

2つ目が、「ハイブランドの中古品」です。ルイヴィトンやシャネルなどのリユース（中古）商品は海外でも人気があります。とくにアジア圏の顧客から人気があり、日本で使われていたハイブランド品は、正規品と思える日本の信頼性があることと、アンティークブランドと呼ばれる、十年以上前に流行ったモデルや昔から変わらないモデルが人気です。

人気順としては、1位が「レディースバッグ・ハンドバッグ」、2位が「時計・アクセサリ」です。ルイヴィトンのハンドバックなどは、eBayで販売されてる売上の30～40％が日本から出品されています。

また、日本製の釣り具やゴルフクラブなどについても、一定のマニアがいて人気がある商品カテ

【図表 13　日本生まれのベアブリック】

「デジタルなイメージのテディベアをつくる」のコンセプトで誕生した日本生まれのベアブリック。世界中にコレクターがいる。

ゴリです。

数万円が43万円に！

実際に取引された実例で言うと、ドラゴンボールのキャラクターフィギュアが、日本では数千円～数万円程度で取引されていたのですが、eBayだと4，200ドル（約43万円）で落札されていました。

また、日本生まれのクマ型フィギュア「ベアブリック」の日本限定商品は、国内だと13，000円で買えますが、eBayでは700ドル(約73，000円)で購入されています。

このように日本限定商品というのは、私たちからすれば簡単に買えてしまいますが、なかなか日本に来られない海外の人たちからすると、高くてもいいので欲しいというニーズがあります。

12　どこで買って？　どこで売るのか？　すべて教えます

王道の転売方法を紹介

ここでは、実際に、どこから商品を買って？　どこで売れるのか？　について書いていきます。

転売といっても、いろんな組合せの稼ぎ方があります。10年以上、業界を見てきた私が、ずっと稼ぎ続けられる人を生み出している転売を４つ紹介しておきます。

①　国内転売

これまでに具体的な店舗名を公開してきた場所などで買ってAmazonで売る方法です。ネット上には、Amazon以外にも楽天やヤフーショッピング、メルカリなど色んな販売場所がありますが、王道はAmazon　https://www.amazon.co.jp/ で販売する方法です。

理由は、Amazonで売るのが1番高く売れることと、売れるまでのスピードが速いということがあげられます。

時価総額１５０兆円を超える世界の時価総額ランキングベスト4に入っている超巨大ＩＴ企業ですから、類似サービスの追随を許さない圧倒的な集客力がAmazonにはあります。また、徹底した顧客至上主義を貫き通しているので、返品や交換がストレスなくできるということも支持されています。

それに加えて、FBA https://services.amazon.co.jp/services/fulfillment-by-amazon.html と呼ばれるAmazon専用倉庫に仕入れた商品を送れば、あとはAmazonが自動的に受注、梱包、配送、カスタマーサポートまであなたに代わってすべてやってくれます。ですから、Amazonには、初心者から上級者までありとあらゆるレベルの販売者がいるプラットフォームであり、月収10万円や30万円ではなく、月収１００万円以上を目指すのであればAmazonを利用しない手はありません。

ドンキホーテやイオンなどの実店舗に行って仕入れてAmazonで売る方法も、ネットで仕入れてAmazonで売る方法もあります。

私の友人も、兵庫県の山奥で、周りには学校や川くらいしかない田舎町に住んでいても、ネットで仕入れてAmazon販売で年間に1億円を稼いでいます。

ネットで仕入れるサイトは、ヤフオク、ヤフーショッピング、楽天、自社ネットショップ、メルカリといったAmazon以外のネットサイトからの仕入れになります。

■ネット上で仕入ができる店舗例

ネット上で仕入ができる店舗例としては、次のようなものがあげられます。

・「Amazon」「楽天」「ヤフーショッピング」「ヨドバシドットコム」「ヤマダ電機」
・「価格ドットコム」「Josin」「モノタロウ」「ブックオフ」「駿河屋」「エディオン」

・「ポンパレモール」「ケーズデンキ」「ビックカメラ」「ソフマップ」「ノジマオンライン」
・「アニメイト」「HMV」「Qoo10」「西友」「トイザらス」「メルカリ」などなど。

こういったネットショップで売られている価格とAmazonで売られている価格に差益があれば、儲かるということになるのですが、それと同時に回転率も確認しないといけません。

回転率とは、「どのくらいの期間で売れるのか」という、販売してから売れるまでの時間のことを指します。

例えば、差益が5，０００円ある商品があったとしても、Amazonで全く売れていない商品であればそもそも売れる可能性はありません。また、1年に10個くらいしか売れていない商品を見つけても、利益が発生するまでに時間がかかり過ぎてしまいます。そうではなくて1か月以内で売れる差益のある商品を仕入れる必要があります。それを調べるためにツールなどを活用します。

■**評判がよく支持されている無料ツール**

いろいろなツールが出ていますが、評判がよく、支持されているのが、「Keepa（キーパ）」https://keepa.com/　と呼ばれるGoogleの拡張機能で利用できる無料ツールです。

無料版と有料版がありますが、無料版だと新品価格と中古価格、Amazon本体が出している価格の３つの価格の推移を見ることができます。また、Amazonで仕入れてAmazonで売るという「Amazon刈り取り転売」という方法でもKeepaは使えます。

トラッキング（追跡）機能を使用して、あらかじめ設定した金額が下回ったときに、メールで通知を受け取ることができます。これにより通常価格より安く商品を買うことができるので、通常価格に戻ったときに販売すると儲かるのがAmazon刈り取り転売です。

最初は無料版で確認しながら商品を仕入れるかの判断をしていき、その後月収10万円以上を安定して稼いでいくのであれば、回転率を確認できる有料版に申し込むことをおすすめします。月額1,900円ほどしますが、毎月安定した収入を得ていく人にとっては安い経費です。

②　中国輸入／安価だが回転率が速い

日本にあるノーブランド商品のほとんどは中国製です。あなたの身の回りにある商品なども、実は中国でつくられた商品だったりします。中国輸入ビジネスは、ネット上ですべて完結することができます。

商品単価は、他の転売に比べると安価なモノが多いですが、その分、回転率が速いのが特徴です。月間に50個とか100個。中には1000個以上売れる商品もあります。

私の友人でも、中国輸入ビジネスで年商1億円を達成している人達がおり、単純な転売からオリジナル商品をつくってレベルアップしていけるのも中国輸入の魅力でしょう。

中国輸入は、先述したように義烏（イーウー）や深圳（シンセン）などの現地に行って仕入をする方法も可能ですが、ネットで仕入れることが可能です。

■中国から仕入ができる3サイト

中国から仕入ができるサイトは、主に3つあります。

・タオバオ　https://world.taobao.com/

中国国内の小売店が出店しているプラットフォームで、日本で言う楽天のようなサイトです。タオバオで仕入れるメリットは、少ない数から購入できるということです。タオバオ自体が個人向けのサイトなので、1個や2個などの少量で仕入れることができるので、テスト販売には最適です。

・アリババ　https://www.alibaba.com/

アリババは、タオバオと同じアリババ・グループが運営するオンラインマーケットです。タオバオが小売専門店であれば、アリババは卸売専門店の集まりです。

卸売なので、利用するのは一般消費者ではなく小売業者ですが、私たちも問題なく仕入ができます。

ただし、卸売なので、ロット単位で購入するのが基本です。卸売市場のため、購入者は業者という前提なので、一定数以上でないと購入ができません。

また、出品しているのは工場直営店が多いので、商品価格はタオバオより安いです。さらに、オリジナル商品作成に対応しているショップがあるのもアリババの特徴でしょう。

・アリエキスプレス　https://best.aliexpress.com/

こちらも同じくアリババ・グループが運営しているショッピングモールです。タオバオと同じ小売店が入っているサイトなのですが、1番の特徴は日本まで直送ができるというところです。

タオバオもアリババも商品をリサーチするというところまでは同じですが、いざ購入となると中国元での支払となるために、仕入代行会社を利用することとなります。ですが、アリエキスプレスだと、日本の配送先を記入すれば日本まで送ってくれます。しかも、送料無料というお店もあります。

中国輸入ビジネスは、まずはサイトで売られている商品と同じ商品を真似して転売するところから始まり、次にオリジナル商品をつくっていき、自社ブランドをつくることができます。中国からの貿易ビジネスは、無限の可能性があり、大きくスケールすると年商10億円～１００億円のビジネスにまで拡大できます。

③　欧米輸入／商品単価が高く効率がよい

欧米輸入のメリットはいろいろありますが、まずは偽物が存在しないという点でしょう。中国輸入ビジネスだと、初心者が知らないまま偽物を仕入れてしまうというリスクがありますが、欧米輸入は基本的にメーカー商品しか仕入れないためにそのようなトラブルとは無縁です。また、商品単価が高いことも個人ビジネスとしては効率がよいです。

１，０００円の商品を１００個転売して10万円の売上をつくるよりも、５万円の商品を2個転売するだけで10万円になるのであれば、単価が高いほうが効率がいいというわけです。

仕入先に関しては、米国 Amazon　https://www.amazon.com/　か eBay になります。そして、販売先は日本 Amazon がいいでしょう。とくに初心者のうちは、米国 Amazon 仕入の日本 Amazon

販売を繰り返すことで、徐々にどのような商品が人気あるかがわかるようになります。

欧米輸入ビジネスは、最終的に日本独占販売権を取得できるので、あなたが日本の総代理店になって売ることもできます。こうなると商品を店舗や会社に卸していくだけなので、作業をせずとも毎日数十万円の売上が上がり、年収も数千万円から数億円となります。

■輸入品には特定の免許や検査を受けないと販売できない物がある

中国輸入ビジネスでも欧米輸入ビジネスでも同じですが、海外からの輸入品には特定の免許や所定の検査を受けないと販売できない商品があります。

例えば、シャンプーなどの肌に直接触れる商品は、薬機法に抵触することがありますし、食料品はもちろん、食器などの使用時に口に触れる物や6歳未満の乳幼児用玩具も食品衛生法に抵触します。

あと最近多いのは電化製品系です。日本での電化製品は、PSEと呼ばれる電化用品安全法が存在していて、これにクリアしていない商品は国内で販売することができません。

まだまだ英語に苦手意識がある日本人が多く、海外から購入することを躊躇している人がいます。そこで、私たちのようなバイヤーが仲介して、安心して日本語で商品をお届けすることによってお客様は満足されます。

④ 海外輸出／これから始める方には輸出ビジネスもいい

日本にあるすべての商品を在庫と考えて、仕入リスク0でできるのが海外輸出です。仕入先は日本にあるすべての商品になり、販売先は主に海外のAmazonかeBayになります。どちらも実践している人たちがいますが、初心者やこれからスタートする人にはeBayがいいです。

というのも、海外Amazonの場合は、米国以外のイギリスやドイツなどのヨーロッパやオーストラリアだと納税者番号を登録する必要があり、取得するのに10万円ほどかかってしまうからです。

そうなってくるとアメリカかカナダになるのですが、カナダは商圏が小さいので、日本商品を売るメリットはあまり感じません。また、アメリカは初心者でも参入できてよいのですが、その分ライバルも多いのです。

■ eBayにライバルが少ない理由

一方、eBayだとライバルもいますが、それよりもAmazonでは販売できないような日本好きな人たちが欲しがるアンティーク商品や限定品などが出品できるeBayがおすすめです。

eBay輸出は、他の転売ビジネスに比べてライバルが圧倒的に少ない傾向にあります。その理由が、「セリング・リミット」と呼ばれる存在です。

セリングリミットとは、出品数と出品価格に制限がかかることを指し、１番最初は、出品数10個の出品価格５００ドルまでからスタートとなります。これがネックだと感じる人が多く、輸出ビジネスに取り組まない人が多いのですが、個人的には利益を出すまでに少し時間が待てる人であれば、ゆっくりとセリングリミットの上限を上げて行くことをおすすめします。

個人差はありますが、大体半年後には月収で30万円以上は達成できています。

■仕入で役に立つツールを教えます

最後に仕入先の価格差と販売先の価格差を調べる際に大変、役に立つツールを５つお教えしておきます。

・Keepa（キーパ）　https://keepa.com/

国内転売のところでも紹介しましたが、Amazonで販売されている商品の価格推移が見えるサイトで、無料版と有料版があります。

無料版は、Amazonに出ている商品の価格変動グラフが見られるのと、Amazonで商品の価格が下がったときに通知する機能が使えます。とくに、値段が下がったときの通知機能はかなり使えます。Amazonで仕入れてAmazonで売るという「Amazon刈り取り転売」ができるのはこのKeepaがあるからです。

有料版は、月約１，９００円が必要ですが、本格的に収入を得て行きたい人は導入したほうがいいでしょう。Amazonに出ている商品の売上ランキングの変動が見られるのと、Amazonに出品している商品の出品者数がわかること。そして、各出品者の在庫数を表示させる機能があります。つまり、どの商品がどのくらいの時間で売れているかを知ることができてしまいます。

・プライスター　https://lp.pricetar.com/lp/pricetarlp/

プライスターとは、Amazonに出品した商品価格を自動変更できるツールです。

販売する商品数が１００商品を超えてくると、手作業で価格を変更するのは結構大変になってきます。とくに安価な商品を多売している人などは数千点を扱うこともあります。そこで、プライスターを使うことによりボタン１つで価格を調整することができます。

・セラースプライト　https://www.sellersprite.com/jp/

ツールやシステムには珍しく中国企業が提供する最強のリサーチツールです。

セラースプライトは、Amazonが保有しているビッグデータを利用しており、Amazonで販売する商品リサーチをサポートするツールです。ここではセラースプライトの２つの便利な機能を紹介しておきます。

キーワードスプライト：キーワードスプライトは、Amazonで実際の購入者がどういったキーワードで検索しているのか？　どんなキーワードが人気なのか？　そういったキーワードを知ることができます。

商品スプライト：商品スプライトは、ライバル商品を分析することができる機能です。ライバルの商品は月間何個売れているか？　価格の変動はあるのか？　レビュー数の増加数やQ&Aの増加数は？　ライバル商品を隅から隅まで分析して、ライバルの商品を丸裸状態にできる機能です。

このセラースプライトは、ビッグデータと人工知能技術でAmazonのセラーに商品リサーチ、市場分析、キーワードの最適化、商品のモニタリングなどを提供してくれるツールです。また、日本Amazonだけでなく、米国Amazonから欧州Amazonまで、全世界のAmazonにリサーチをかけることが可能となっています。

・アマコード　https://amacode.app/・KDC200　https://imagers.co.jp/products/kdc200im.html

こちらは、実店舗に行く際にスマホにインストールしておくと便利なツールです。

アマコードは、私の友人が開発したアプリで、Amazonで売られている価格が表示されます。お店に行って商品のバーコードをスマホのカメラでスキャンすると、一瞬でAmazonで売られている商品価格が表示されます。これを繰り返していくだけで、儲かる商品を見つけることができる非常に便利なツールです。

KDC200というのは、小型のバーコードリーダーのことです。アマコードだけでも価格差を表示させることはできますが、何回もスマホでやるのは効率が悪いです。

そこで、KDC200という小型バーコードリーダーを使うことで、商品のバーコードにビームを当てていくだけで、ピッと自分のスマホに商品情報が入ってくるようになります。新品で買うと3万円くらいしますが、メルカリなどでは1万円くらいで中古品が買えますので中古品で充分です。

・オークファン　https://aucfan.com/

オークファンとは、ヤフオクで過去に落札された商品の価格帯がわかるツールです。過去10年まで遡って落札データを閲覧することができるので、あまりオークションに出回らないレアな商品でも、いくらくらいで過去に落札されたかがわかる非常に便利なツールです。

マニアックでレアな商品であれば、ヤフオクが1番高額で購入されることが多く、あなたが扱う商品によってはヤフオクで販売するほうがよいこともあるでしょう。また、国内転売でヤフオクから仕入れるときも「入札予約ツール」を利用することで、リアルタイムでわざわざ終了時刻を待たずとも落札上限金額で入札予約をしておけば、時間を気にせずに仕入ができます。

その他にも、「出品テンプレート」を使うことにより、プロが出品しているかのようなHTML形式の文字のレイアウトや背景色を簡単に使うことができます。オークファンには無料版と有料版があり、まずは無料版から慣れてみてください。

※大森淳弘の公式LINEに登録すると、本書には書き切れなかった「初心者がノーリスクで稼げる転売法」などについて配信します。

LINEで、@068gjtufを「ID検索」するか、QRコードで友だち追加

@068gjtuf

大森淳弘コラム：ＩＴが導入されてない業界の人が取り組みやすいビジネスとは

今まで、自分でビジネスや投資といった副業をやったことがない、もしくは、インターネットを使った経験があまりないという人もいるかと思います。私も２０１０年12月までは、パソコンを触った経験がほとんどなかった普通の飲食店従業員でした。

今の時代は、飲食店もＩＴ化が進みSNSを使っての情報発信やLINEなどで顧客リストを集めることが一般的になっていますが、当時の飲食店はアナログであり、集客も口コミやせいぜい雑誌に掲載したりするくらいでした。支払いも、今のように交通系カードやQRコード決済といったキャッシュレス文化がなく、当時は現金かクレジットカードのみでした。

本書をお読みの方の中には、ＩＴ技術をあまり必要としない会社や部署で勤めている方もいるかと思います。社会人として経済活動に参加しているけど、インターネットのことがよくわからないといった状況なのであれば、第1章目のオンラインビジネスをおすすめします。

というのも、第1章のオンラインビジネスは、現物商品を安く買って高く売るというビジネスモデルなので、インターネットの世界を知らなくても稼げるイメージがしやすく、取り組みやすいからです。

最初の月収30万円くらいまでは、自分1人でスキマ時間を利用して稼げますし、レバレッジを効かせて稼ごうと思えば、アルバイトや外注に依頼することでビジネスオーナーにもなれます。

第2章　元手0円からでも収入を発生させられる〈オンラインビジネス〉

1　今も昔も変わらず存在する不変的な紹介業ビジネスとは

紹介ビジネスはどのようにして利益を上げている？

第2章では、オンラインビジネスの紹介業ビジネスについてお伝えしていきます。

紹介業ビジネスというと、あなたはどのようなビジネスを思い浮かべるでしょうか？　不動産仲介業者などが一般的な回答かと思いますが、それでは不動産仲介業さんはどのようにして利益を上げているのかを書いてみようと思います。

一般的に不動産仲介業者は、物件の持ち主である貸し手や売り手から物件の販売、貸出しを受けています。そして、物件の入居者を集めたり、物件を購入する買主を集めたりしています。

オンラインビジネスに必ず必要なスキル

そこで必要なのが「集客」です。商売は、集客さえできていれば利益を上げ続けることができると言われるほど、利益に直結するとても大切な部分です。集客は、今後、オンラインビジネスをするに当たって必ず必要なスキルになってきますので、集客はとても重要だということだけはまず知っておいてください。

話を戻します。不動産仲介業者は、物件の貸し手と入居者の契約が成立すると、双方から家賃の0・

５か月分～１か月分の仲介手数料を貰います。また、売買の場合でも、成約すると売主と買主から販売代金の３～４・６％ほどを双方から仲介手数料としてもらっています。

オンライン版の紹介業ビジネスが存在する

このような仲介手数料を生業としているのが不動産仲介業者ですが、これと全く同じビジネスモデルがオンラインにも存在しています。それが「アフィリエイト」と呼ばれる仕組みです。

あなたも言葉は聞いたことがあるかと思いますが、このアフィリエイトビジネスこそが昔から存在するオンラインビジネスの稼ぎ方になります。この章ではアフィリエイトの稼ぎ方について書いていきます。

2　オンラインで集客ができると無敵になれる

売上が下がったり倒産する原因

先ほど、ビジネスをする上で「集客」は重要とお伝えしましたが、逆に集客ができれば食うに困ることはなくなります。ほぼすべての商売において、売上が下がったり、倒産したりする原因を突き詰めていくと、集客ができなくなったということに行き着くことが多いです。

もちろん、新規集客だけに力を入れて、既存のお客さんへのサービス提供やサポートが適当だとザル状態になり、常に新規集客を続けて行かなくてはならない状況に陥ります。ですが、そういったことは、よほど怠慢にならない限り、起こらないはずです。

今の世の中は、ビジネスの寿命が短くなっており、昭和には50年以上は安定だと言われていた会社寿命が、平成には10年と言われるようになり、令和にはこのスパンは更に短くなっていくと予想されます。

短くなるという言葉よりは、ダイバーシティー（多様性のある）ビジネスを多数、展開していくようなビジネスパーソンが重宝される時代になっていっています。

雑誌やメディアよりインフルエンサーが信頼される

自分が知りたい情報というのは、ほぼすべてGoogleを検索すると出てきます。また、昔なら拡散されなかったようなお店の態度の悪さや粗悪なサービスに対して、匿名で誰もが公表できるようになっています。

加えて、レビューによる評価文化も浸透してきており、利害関係が発生するような雑誌やメディアが発信する情報よりも、近くの友人や知人、または芸能人より近くに感じるSNSのインフルエンサーの発言を信頼する傾向にあります。

このような何でも検索すればわかってしまう時代において、1人（1社）だけが独占的に儲けることは至難の技であり、こういった背景からマネをするというモデリングが容易にできることから会社寿命が短くなってきています。

3　商売は集客が続けられると儲け続けるしかなくなる

集客ができる者が業界を制す

これからの時代に必ず必要となるのが「集客力」です。大げさな話でなく、オンラインビジネスの世界では、「集客ができる者が業界を制す」と言われており、オンラインビジネスで巨額の富を築いたミリオネアたちは、全員がオンラインでの集客ができています。集客こそが最重要事項なのです。

集客ができれば年商１００億円以上のビジネスオーナーになれる

アフィリエイトビジネスは、集客ができる人が稼ぎ続けることができるビジネスモデルです。つまり、アフィリエイターというのは、集客の達人といえるのです。ですから、アフィリエイターとして優秀な人は、他のオンラインビジネスをしても集客のやり方をわかっているので、どんなオンラインビジネスをやらしても高確率で再現できてしまうのです。

最初はアフィリエイターだったけれど、最終的に年商１００億円以上のネット通販ビジネスのオーナーになっていたり、ビジネスプロデューサーとして年商10億円の会社経営をしている人たちもいます。

それだけ、集客ができる人は、食いっぱぐれがなく、儲け続けるしかない状態になれます。

4　時間をかけて無料で集客できるオウンドメディア戦略

オウンドメディアとは

アフィリエイトで収益を上げるには、集客をしなければなりません。集客をオンライン業界では「アクセス」と呼んでいます。このアクセスをどれだけ集められるかで、アフィリエイト報酬の金額が変わってきます。そこでまずは、無料でできるアクセス集めの方法を紹介します。

昔は、アクセスを集めるには、SEO と呼ばれるユーザーが知りたい情報を検索したときに、上位表示されるような記事をブログやホームページに書いてアクセスを集めることが主流でした。今でもブログやホームページでアクセスを集めることは可能ですが、それよりも検索エンジンだけが主流ではなく、SNS が台頭してきた現代には SNS にも合わせたページが必要となってきています。

それが「オウンドメディア」と呼ばれるものです。

顧客は4階層に分けられる

オウンドメディア（Owned Media）は、自社所有するメディアという意味です。ブログやホー

【図表14　4階層の顧客】

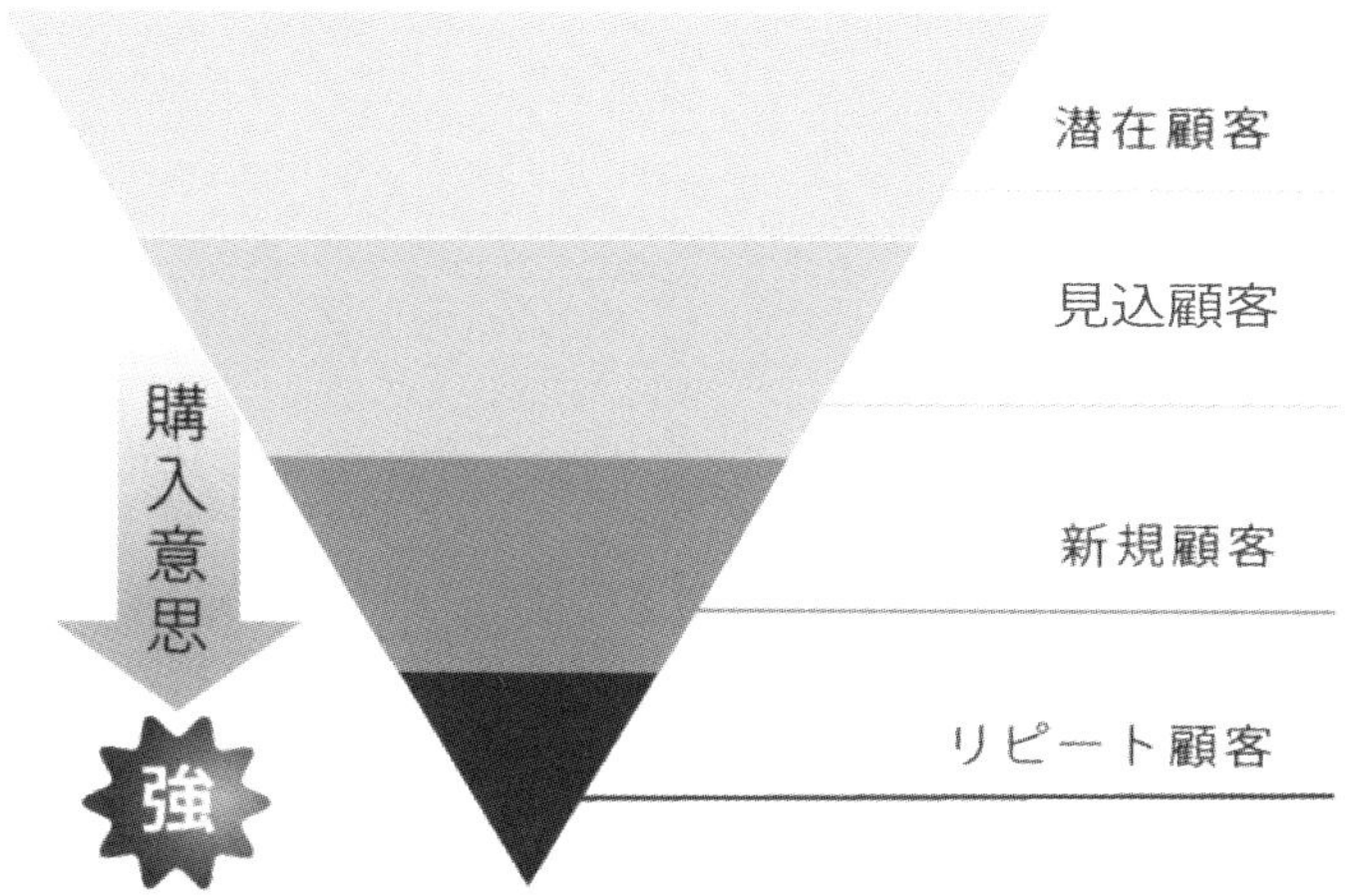

ムページとの違いはいろいろとありますが、シンプルに解説すると対象ユーザーと目的が主な違いです。

　アクセスを集めるときに、顧客は4段階に階層が分かれています。1番広い層が「潜在顧客」、2番目が「見込客」、3番目が「顧客」、4番目が「リピーター」と定義されます。

　ホームページやブログだと、2番目の見込客から上が対象ユーザーとなるコンテンツなのですが、オウンドメディアの場合だと、今は興味はないけれど将来的に見込客へとつながる「潜在顧客」へのプローチができるようになります。

SNSからオウンドメディアへ飛ばそう

　SNSは潜在顧客へのアプローチに適しているのですが、過去の情報が埋もれてしまい、資産型のメディアではなくなってしまう負の側面があります。そこで、SNSからオウンドメディアに飛ばすことで、整理された過去のコンテンツも自由自在に回遊できるようにしておくことで潜在顧客を見込客に進化させていき、そこからさらに顧客へと繋げていくことができます。また、すでに顧客になっている層には、有益なコンテンツを配信することでファン化させ、リピーターへと繋げることが可能となります。

簡単にオウンドメディアを解説すると、ブログとSNSとホームページのよいところをすべて取り入れた自社メディアということです。

このようなオウンドメディアを1つつくっておくことで、SNSからもアクセスを集めることができ、SEOの検索エンジンからもアクセスを集めることができ、さらにはネット広告といった有料アクセスもここに集約することができるようになります。

また、オウンドメディアは、ブログやホームページ同様に、プル型と言われる「待ち」のメディアと呼ばれています。ですので、ユーザーが自らの意思でやってくるのを待つしかできませんが、メルマガやLINEといったプッシュ型と言われる「攻め」のメディアをオウンドメディア内に設置して登録してもらうことで、運営側の好きなタイミングで情報配信することが可能となります。いわば、オンライン上に設置する自分の基地のような役割がオウンドメディアなのです。

オウンドメディアはすぐに成果は現れない

非常に汎用性が高いオウンドメディアなので、これさえつくってしまえば、すぐにアクセスが集

【図表15　友人のオウンドメディア】

筆者の友人のオウンドメディア「メルカリ 転売ノウハウ」と検索すると上位に表示される。こういったオウンドメディアに育てると数千万円～数億円で売却できる。

まってアフィリエイトできそうと思う人もいるかもしれません。ですが、オウンドメディアは、すぐに成果が現れるものではありません。

検索エンジン上位に表示させるためには、ある程度のボリュームと言われる記事の量が必要になってきます。それに加えて良質なコンテンツが必要です。

良質なコンテンツかどうかを知るためには、検索したユーザーが訪れた際に役に立ったか等が重要になってきます。その中には、滞在時間や回遊時間といったサイト滞在時間なども含まれます。

まだまだオウンドメディアの重要性や、本来オウンドメディアが持つ意義をわからず運営している人もいるので、しっかりと今から構築していければ、あなたのオウンドメディアは資産となり永続的にアクセスを集めることができるようになります。

オウンドメディアは売却できる

こういったオウンドメディアは、最終的に売却という出口戦略もあり、サイトによっては数千万円から数億円で企業が買収するというM&Aの事例もあったりします。

私の友人は、２０１８年に、とあるオウンドメディアを5億円で上場企業へ売却をしています。

5　一気に時間を短縮して速攻で利益をつくるネット広告

ネット広告を使う

アフィリエイトで収入を得るには半年くらいかかることを知り、少し落胆した人もいるかもしれません。副業で始めると言っても、報酬が発生するまでに時間がかかり過ぎては、モチベーションが続かないものです。そこで、一気に時間を短縮できるのがネット広告を使うことです。

お金よりも時間が大切な人は…

学生時代や20代の頃は、お金はなかったけど時間はあった人でも、30代も終盤に差しかかったり、

40代・50代になってくると、生活費とは別に多少、貯金を持っている人が多い年代です。この年代になると、お金よりも時間のほうが大切だと思う人が多いかと思います。

インターネット広告は、お金を出してネット上に広告を出して、一気にアクセス（集客）を集めることができます。インターネット上にある広告の種類をわかりやすくお教えします。

リスティング広告　https://ads.google.com/

ネット広告の代表格であり、主に「検索連動型広告」を指します。Google や Yahoo の検索エンジンで、例えば「副業」と検索すると上位に表示されるのが広告です。表示されているタイトルの左下等に小さく「広告」と表示されているものはすべてリスティング広告です。

広告を出さずに検索ページの上位に表示させようとすると、先述したように時間もコンテンツも大量に必要となってくるのですが、広告を出せば一気に上位に表示させることが可能となります。

リスティング広告を出す際には、「入札管理」と「予算管理」で行うことができます。

「入札管理」とは、成果の出ている検索ワードの入札を上げたり下げたりして広告費が調整できます。

「予算管理」とは、1件の成約に対しての予算をあらかじめ設定できるようになります。こちらも予算変更は簡単に設定できます。

リスティング広告だけでなく、ネット広告は基本的にすべてテキストベースで出していくので、あなたが出したいキーワードの選定や見直しをしていって最適化していくことができます。

また、キーワードも、単体ワードだとライバルが強くても、ワードを組み合わせる複合ワードにすることとで安価で上位表示させることが可能になります。その際もワードの「完全一致」「部分一致」「フレーズ一致」と調整ができます。

SNS広告

Facebook や Instagram、Twitter といったソーシャルメディアに広告を出す方法を指します。最近では、リスティング広告と同じくらいに SNS 広告の反応がよく、SNS に広告を出す人も多いです。
SNS 広告のよい点は、広告を表示させるユーザー属性を絞れることとです。例えば、「副業に興味がある東京・名古屋・大阪・博多に住んでいる40代と50代の男性」とピンポイントで広告を出すことができるため、無駄な広告費を押さえることができます。
ネット広告で重要なウエートを占めるのが、「クリエイティブ」です。クリエイティブとは、広告を表示する際のキャッチコピーや文章、画像や動画のことです。ＩＴ業界は、テキストベースの世界だけでなく動画の世界にも普及しているので、とくに画像や動画などの創造的な素材が大切です。

動画広告　https://www.youtube.com/intl/ja/ads/

主に YouTube を指しています。YouTube 広告にはいくつかの種類があります。

①　インストリーム広告

動画の前後や途中で再生される広告です。スキップできる広告とできない広告が選べます。スキップできる広告の尺の長さは12秒～３分以内が最適であるとYouTubuは推奨しており、スキップできない広告だと15秒までとなってます。

インストリーム広告の課金のされ方は、スキップできる広告だと30秒以上が再生されると課金されます（30秒以内の広告だと最後まで見た時点で課金）。スキップできないインストリーム広告は、インプレッション課金と言われる広告が表示されたときに課金されます。世間で言われているYouTube広告のほとんどは、このインストリーム広告を指しています。

②　ディスカバリー広告

ディスカバリー広告とは、YouTubeの検索結果や関連動画の横、モバイル版YouTubeのトップページに表示される広告です。ディスカバリー広告は、ユーザーが動画をクリックして視聴すると動画の再生時間にかかわらず料金が発生します。

③　バンパー広告

バンパー広告は、インストリーム広告とほぼ同じです。違いは最長6秒までスキップできないことです。課金のされ方は、表示されたら払うインプレッション課金方式です。

④　アウトストリーム広告

モバイル版やタブレット版にだけ表示される広告のことです。また、親会社であるGoogleの動画、パートナーウェブサイトやアプリなどにも同時に配信されます。

課金のされ方は、2秒以上再生されたら料金が発生します。

⑤　マウスヘッド広告

YouTubeのトップに表示される広告のことです。いわゆる純広告と呼ばれているモノで、PC版YahooのトップページのYahooの右側に出ている広告と同じです。マウスヘッド広告は予約制なので、Googleの営業担当の許可が必要になってきます。

課金のされ方は、固定の日数単価制か表示されたら支払うインプレッション課金かになります。

ここまで紹介したリスティング広告、SNS広告、YouTube広告のみで充分な成果を出すことができますし、反応やコストパフォーマンスが高い広告は前述の3つです。これらは初心者でも代行会社に頼らずとも自分で広告を出せてしまいます。

また、SNS広告やYouTube広告は、ユーザーを絞ることもできますが、最終的にはＡＩが適切なユーザーに表示させられる属性を絞らない広告の出し方が、長期的に見るとよいという結果が私の中で出ています。ですが、そうなると最初は広告費がかさむので、まずはユーザーを絞って行き、徐々に広げていくようにしたほうがいいでしょう。

その他の広告として

その他には、アドネットワークという広告もあり、複数サイトに広告を掲載するネット広告もあります。複数の広告がパッケージ化されており、それぞれのメディアとの契約や、各サイトに合わせた形式で広告を出さないといけなかったり、料金形態もバラバラなのですが、これを一括してアドネットワーク代行会社にすべて任せることができます。

広告を出すのはやってみると意外と簡単

広告というと数十万円や数百万円がかかると思ったり、広告を停止しない限りずっとお金が課金されると思い、敬遠しがちな人もいるかもしれません。ですが、１万円からでも出せますし、１日3，０００円からでも広告を出すことができます。また、広告予算を先に決められるので、予算以上のお金がかかることはありません。意外と簡単に広告を出せることに驚くかと思います。

アフィリエイトで稼ぐ具体的なやり方はこれから解説していきますが、例えば、１万円で広告を出して、アフィリエイトで3万円の報酬が入ると2万円の純利益が手に入るというイメージです。

6　どのような商品・サービスを紹介すべきか？

アフィリエイト報酬が高いのは

アフィリエイト報酬を得るためには、アクセスを集めて商品やサービスを紹介しなければなりません。あなたがブログやホームページ、オウンドメディアに集まった人たちに対して商品やサービスを紹介して、そこのアフィリエイトリンクから商品やサービスを購入。または申込みをした人がいればアフィリエイト報酬が発生します。

報酬に関しては、商品やサービスにより本当にバラバラです。報酬額が高くても成約しにくい案件だったり、逆に報酬額は低くても成約しやすい案件もあります。

さて、それでは一体どのような商品やサービスが、アフィリエイトできるかを紹介していこうと思います。非常に多くの種類がありますので、ここではアフィリエイターが稼いでいる、またはアフィリエイト報酬が高い案件を紹介していきます。

① プロバイダー（インターネットを自宅やオフィスにつなげるための事業者）

こちらは、比較的に年間を通して需要がある案件です。中でも引っ越しシーズンである2月～4月にかけて成約が高い傾向にあります。

② 脱毛エステ

最近では、女性だけでなく男性の脱毛サロンも人気があり、こちらも年間を通じて需要がありますが、とくに需要が高くなるのは春先から夏にかけてです。

③ 痩身・フェイシャル・エステ

アフィリエイトしやすい案件の1つにエステ系の案件があり、「痩せたい」とか「顔を綺麗にしたい」といった主に女性向けの案件も安定した需要があります。

④ ニキビケア

アフィリエイトしやすい案件に、コンプレックス系の商品やサービスが上げられます。人に相談しづらい、ニキビケアの案件は人気があります。

⑤　育毛剤・白髪染め

どちらかというと男性向けですが、最近は女性でも禿げる人も多く、育毛剤などは人気がありま す。また、男女問わずに白髪染め関連も老若男女問わず需要があります。

⑥　ワキガ関連

ワキガは、デリケートな問題なので、本人よりもご家族や恋人のほうが気になっている人も多いです。本人や周りの人たちからすると深い悩みであり、できれば対面で解決したりすることなくネットで申し込んでしまいたいという需要があり人気です。

⑦　サプリメント

通販ビジネスの代表格であるサプリメントもアフィリエイト案件としては王道です。サプリの販売会社もアフィリエイターを使って販売してもらう文化が根づいており、積極的にアフィリエイターを使う企業は多いです。

また、サプリメントは原価が安いので、広告費に大きな比率を割いており、広告費ありきのビジネスモデルとなっています。

⑧　ホワイトニング

一昔前は芸能人や有名人だけが歯を白くするといった傾向にありましたが、最近ではSNS の影響で一般人でも写真や動画をネットにアップするようになってきました。

また、以前はホワイトニングは歯医者が施術を行うモノでしたが、最近では歯科医ではなく一般人でホワイトニングサロンを経営する人たちも増えていて私の友人もやっています。

⑨ **レーシック**

日本人は視力が弱い人が多く、レーシック治療を受ける人が多いです。費用も年々安くなっているとはいえ25～35万円ほどしますので、アフィリエイト報酬も高いです。

⑩ **資格取得**

日本人は資格を取るのが好きな人が多く、将来への不安を払拭するために資格を取ったり、趣味として取る人も多いです。

生涯学習の通信教育で有名な「ユーキャン」では、法律・医療・デザイン・介護福祉・建築・公務員対策・高卒認定・パソコン・料理・習字・土木・語学・手芸・心理・音楽・囲碁・教養・旅行とかなりバラエティー豊かな資格取得のための講座があります。

⑪ **英会話スクール**

こちらも昔から人気があり、必ず一定の需要がある市場です。英語を話せるようになりたいと思う人は多いので英会話の案件も人気です。

⑫ **キャッシング**

いわゆる消費者金融サービスです。こういったお金に関するアフィリエイト案件は、報酬が高く月に1，000万円以上を稼ぐアフィリエイターが多いカテゴリです。

⑬　FX

外国為替取引の証券口座の開設を紹介する案件です。こちらもキャッシング同様にアフィリエイト単価は高いです。

⑭　クレジットカード

こちらも同様にアフィリエイト単価が高いのですが、キャッシング・FX・クレジットカードのアフィリエイト市場は高収入を得られるのが明白なため稼げるのですが、ライバルが強いというデメリットもあります。

⑮　婚活・出会い系

今や異性との出会いは、リアルでよりもネットのほうが効率がよいことが浸透してきており、年々、出会い系サイトの需要が高まっています。恋人探しではなく、結婚相手をネットで探している人もいて、異性との出会いの場は年々、需要が増えています。

その他には、転職・アルバイト、自動車保険、クルマ・バイク査定、不用品の買取り、探偵、SIMカード、引っ越し見積り等があります。

ここで紹介したのは、実際にアフィリエイターが月収100万円～1，000万円まで稼いでいるカテゴリーです。どの市場でアフィリエイトしていくかはあなた自身になりますが、あなたが興味あるカテゴリー、または稼ぎやすいカテゴリーがいいでしょう。

7 ネットで紹介するのは有形商品と無形商品が存在する

物販系と情報系のアフィリエイト

アフィリエイトする商品やサービスは、大きく分けて2種類あります。

1つ目が有形商品です。有形商品とは、例えば、サプリメントやインターネットサービスプロバイダーと呼ばれる実際に目にする商品やサービスのことを指します。

そして2つ目が無形商品です。無形商品とは、主に情報を指します。

アフィリエイトできる商品やサービスには、物販系アフィリエイトと情報系アフィリエイトがあり、これまでに紹介してきたのは物販系アフィリエイトになります。

おすすめは無形商品

どちらも稼げることに変わりありませんが、あなたが今後アフィリエイターとしてだけでなく、自分で商品やサービスをつくって販売する側になるときには、無形商品である情報系アフィリエイトのほうがおすすめです。

理由は、有形商品である物販系の販売者だと、商品を製作したり、配送させるための物流を用意しなければなりません。また、在庫を抱える必要や、実際に来店してもらうようなビジネスをやるとなると、店舗や事務所が必要となってくるからです。

一方、無形商品である情報だと、商品やサービス自体が「情報」ですので、デジタルコンテンツ化ができて在庫を抱えることなく販売ができます。これは今後、収入を大きくしていく際にはとても重要なことです。

売上や収益が増えれば増えるほど、有形商品だと在庫リスクを抱える必要があります。在庫は、資産として計上されるのではなく、負債として計上されます。つまり、月間売上が５００万円で利益が２００万円だったとしても、在庫が２００万円以上あれば相殺されてプラスマイナス０です。

これが無形商品になると、コストがほぼ０円で無限につくれて提供できるため、売上に対して最低限必要な経費以外はすべて利益になります。これはまさにオンラインビジネスならではの恩恵です。

ただし、将来、販売者になるわけではなく、アフィリエイターとしてだけで考えている場合は、好きなほうでいいと思います。

クリックされるだけで報酬が発生するアフィリエイト　https://www.google.com/intl/ja_jp/adsense/start/

アフィリエイトの中にも少し変わった方法もあります。それが「アドセンス」です。正確には、「グーグルアドセンス」と呼ばれ、グーグルが提供しているコンテンツ連動型広告配信サービスです。

今やインターネットで何かを検索する際には、ほとんどの人がグーグルを使っているかと思います。そのグーグルが提供しているのがアドセンス広告なのですが、特徴は自分のメディアに掲載している広告がクリックされるだけで報酬が発生することです。

アフィリエイトだと実際に商品を購入したり、サービスに申し込まないと報酬が発生しないのに対し、アドセンスだと広告をクリックしてもらうだけで報酬が発生してしまいます。1クリックされて発生する報酬金額は、ジャンルや表示される広告により変動しますが、アドセンスだけで月収100万円を稼いでいる人もいるので、ノーリスクで広告を表示させるだけでこのくらいまで稼げるのであれば、やる価値はあります。

なお、アドセンスを掲載させるためには、グーグルに申し込んで審査を受ける必要があります。YouTubeもグーグルのグループですのでYouTubeでもアドセンスは可能です。

アフィリエイト案件が載ってるサイト「ASP」

アフィリエイトをする際には、案件を選ぶ必要があります。そういった案件が掲載されているサイトをアフィリエイト・サービス・プロバイダと呼びます（通称：ASP）。

ASPには、オープンASPと呼ばれる誰でも会員登録すればアフィリエイターになれるASPと、クローズドASPと言われる紹介がなければ会員登録できないASPがあります。

違いとしては、クローズドASPはASP側とアフィリエイター側の相互に信頼関係がある中でだけ案件が紹介されており、そうすることでアフィリエイターの質を保つと共に、高単価の案件を扱うことができるようになります。無形商品である情報系アフィリエイトのASPはほとんどがクローズドASPになっています。

ASPとアフィリエイターというのは、お互いに協力し合っている関係性です。ASP側は、企業側から受けた案件を仕入れてくる。アフィリエイターは、商品やサービスを持たない代わりに自分のメディアからアクセスを流す。これによりお互いにメリットを出し合って利益を享受していくという流れです。

ですが、一部の悪質なアフィリエイターは、アクセス不正をしている者もいます。悪質な手口はここには書きませんが、端的に書くと自然なアクセスを流すのではなく、故意的に水増しされたアクセスを流して報酬を受け取ることをしています。オープンASPでも充分に報酬を得ることができますので、まずはオープンASPで経験を積んでいきましょう。

① A8.net https://www.a8.net/

業界最大手のASPです。案件数も豊富です。他にも「セルフバック」と呼ばれる、自分で商品を購入したり、サービスに申し込んだりするだけで報酬が発生する仕組みがあります。セルフバックは「自己アフィリエイト」と呼ばれ、自分で自分の商品やサービスに申し込むだけで報酬が発生します。

まずは、セルフバックからスタートしてみましょう。丁寧にセルフバック案件をやるだけで10万円くらいまでは稼げます。私も起業当初はセルフバックで10万円以上の報酬をノーリスクで手にしています。初心者は、まずA8.netに登録しておいて間違いありません。

② afb　https://www.afi-b.com/

アフィリエイトB（afb）の特徴は、成果報酬金額に関係なく振込手数料が無料となっているなど、アフィリエイターをパートナーとして運営しているところです。また、あまり成果を出していなくても個別担当者がつきやすく、相談しやすい環境も初心者にとっては安心です。

③ バリューコマース　https://www.valuecommerce.ne.jp/

バリューコマースの特徴は、案件数とジャンルの多さです。他のASPと比較してジャンルが広いので、専門的なメディアを運営する人でもアフィリエイトできる案件が見つかると思います。

④ アクセストレード　https://www.accesstrade.ne.jp/

アクセストレードは、初心者にも使いやすいと思います。バナーを貼るだけで報酬が発生する案件もありますので稼ぎやすいと思います。また、最低支払額が1，000円と低く最初の報酬が受けやすいのも特徴です。

アフィリエイトをする際の注意点

アフィリエイトする際の注意点として「最低支払報酬額」があります。例えば、1件成約して1，000円のアフィリエイト報酬が発生していたとしても、1万円以上でないと振り込まれないというASPは多いです。

8　紹介しまくって特別単価をゲットしよう！

通常単価と特別単価

アフィリエイト報酬には、通常単価と特別単価が存在します。これは、アフィリエイターの実績や信頼関係などにより異なってきます。

例えば、1案件に対して5000アクセスを送ってくれるアフィリエイターと500アクセスを送るアフィリエイターであれば、前者のアフィリエイターのほうが優良アフィリエイターなわけです。また、アクセス数は充分でも、商品やサービスが成約しないアフィリエイターもいます。

私もアフィリエイターの立場でもあれば、ASPを使って商品やサービスを販売する立場でもあるために、どのくらいのアクセスが入れば成約率が何パーセントに落ち着くかは把握しています。

中には、こういった平均成約数といった裏側を知らない一部の悪質アフィリエイターが自作自演のアクセスを送り、報酬を不正に得ようとする人もいます。

どの業界でも最終的に顔合わせをすることは大切

そこで大切になってくるのが人間関係です。どの業界でも最終的には人と人とが商売をしているわけですから、日頃から連絡や相談を気軽にできる関係をつくっておくことは大切です。

このようにアフィリエイターにも差があるので、沢山アクセスを送ってくれたり、成約率が高いアフィリエイターには特別単価のオファーがきます。

先ほどは、有形商品である物販系のASPを紹介しましたが、無形商品である情報系のASPも紹介しておきます。情報系ASPは、ほぼクローズドASPに近い状態になっています。そんな業界の中でも大きく信頼できる情報系ASPが「インフォトップ」https://www.infotop.jp/ です。

業界大手のデジタルコンテンツサイト「インフォトップ」

インフォトップは2006年に創業しました。業界大手の商品数と約300万人以上の購入者・アフィリエイター・販売者が登録しています。

また、扱うデジタルコンテンツも、ビジネス・マネー・語学・恋愛・美容と多岐にわたる人々の悩みを解決するようなデジタルコンテンツを扱っており、初心者にもわかりやすくサポートしてくれるので、まずはインフォトップへアフィリエイター登録をしてみましょう。

定期的にアフィリエイター勉強会やセミナー、懇親会を開催していますので、そこへ参加してみるのもおすすめです。

真面目に記事を書けば自然と報酬は右肩上がりに

話を報酬に戻します。通常単価が1，000円であれば、特別単価だと1件2，000円とかになります。もっと貢献してくれる優秀なアフィリエイターには1件5，０００円とかに跳ね上がります。ですので、しっかりと読み手の立場で考えて商品やサービスが欲しくなるような記事が書けるようになると、自然と報酬も右肩上がりに伸びてくるようになります。また、私は、過去のコンサル生やビジネスパートナーには私から特別単価にするように依頼することもあります。

アフィリエイトは、先出しする金銭はほとんど発生しないビジネスモデルです。ですので、誰にでも取り組みやすいですが、報酬が手に入るまで時間がかかります。案件により多少異なりますが、平均すると2か月後に振り込まれることが多いです。

9　紹介ビジネスの具体的な稼ぎの手順

あなたがよく知っている分野は何？

ここでは、具体的な稼ぎ方の手順をお教えしていきます。

1番最初に決めなければならないのは、どのジャンルにするかです。基本的には、自分がよく知っている分野がいいです。自分の趣味・得意なこと・興味が持てること・自分が持っている資格・本業・過去の仕事内容等々です。

例えば、私であれば趣味がサーフィンですので、サーフィンについてのブログ記事を書いていくと思います。決してプロレベルの内容でなくてもいいです。あくまでも初心者や未経験者、または同じ趣味に関心がある人たちに向けて記事を書いていければOKです。

ですが、好きなだけだとライバルが強い市場だったり、参入者が多い市場の場合もあります。そこで次に必要なのが、競合がどれくらいいそうかを調べる必要があります。先述したキャッシングやFX、クレジットカードなどのカテゴリーは、稼げる上限はかなり高いですが、ライバルが強いです。

美容系の脱毛やエステのカテゴリーだと、月1,000万円以上を稼いでるアフィリエイターがいるので、そこの10%である月100万円くらいなら参入しても稼げそうだと考えるのもいいですし、ニッチなカテゴリーであまり市場が大きくないけれど、確実に関心を持っている人がいるカテゴリーに参入するのもいいでしょう。再現性と収益のバランスを考えて参入を決めるのがベストです。

おすすめはできたばかりのカテゴリー

できたばかりのカテゴリーに参入することもおすすめです。例えば、2016年頃には仮想通貨に関する記事を書いている人は少なかったですが、その頃から仮想通貨の記事をコツコツと書き始めていたならば、今頃は大きいメディアへと成長していたかと思います。

非常に重要なキーワード選定

カテゴリーを決めたら、次は「キーワード」選定です。どのキーワードを意識してメディアを構築していくかは非常に重要です。キーワードにも「単一キーワード」と「複合キーワード」があります。「脱毛サロン」「脱毛サロン　メンズ　新宿」などのことです。

ポイントは、検索する人たちがどのようなキーワードで探すかを想像することです。単一キーワードだとライバルが強過ぎても、複合キーワードだと上位表示できることもあります。

そして、思いついたキーワードがあれば、グーグルの「キーワードプランナー」https://ads.google.com/aw/keywordplanner/home を使って、月にどのくらいの検索ボリュームがあるか、競合性が高いか低いかを調べてみましょう。

もっと詳しく複合キーワードを調べて行きたい人は、有料になりますが、「keyword Tool」https://keywordtool.io/ を使うとかなり多くの複合キーワードを抽出してくれます。これは、プロのアフィリエイターも使っている複合キーワードを検索するサイトですので、真剣にやっていく人は使えると思います。

お金を使わずによく検索されている複合キーワードを調べたい人は、グーグルの検索エンジンに単一キーワードを入れてスペースを入力すると、5個くらいですが月間検索数が多い複合キーワードを知ることができます。

SEOを意識した記事づくり

カテゴリーとキーワードを決めたら、次はサイトを構成する「SEO」を意識した記事づくりです。

検索エンジンに上位表示させようとすると、サイトをそれに合わせた構成にする必要があります。

簡単に説明すると、月間検索ボリュームが多いキーワード順に記事を書いていくことです。

例えば、月間2万回検索されているキーワードと月間2000回検索されているキーワードであれば、前者の2万回のキーワードを多く入れて記事を書いていくということです。1記事の文字数は平均5000〜4万文字くらいが多いです。これは他のサイトを見ているとわかってきます。

再現性を高める方法

すべてのビジネスに共通する成功法則ですが、成功確率を高くして再現性を高める方法はモデリングです。モデリングというと格好がいいですが、要はマネをすることです。もっと下品に書くと、「パクる」ことです。日本人は、このパクることに抵抗感がある人も多いですが、世の中はパクりパクられな世界です。

行列ができてるラーメン屋があれば、近くで同じようなラーメン屋を出せば、そこのお客様を取ることができます。月500万円の売上があるのであれば、半分くらいの250万円程度は稼ぐことができると考えるのがビジネスパーソン思考です。法律に違反していなければモデリングするのは決してダメではなく、むしろ当然の行動です。

記事のネタが切れたら

記事を書くと言っても、毎日書けないという人も多いと思います。どれだけ自分が好きなカテゴリーであったとしても、半年くらい毎日書こうと思うと流石にネタ切れになると思います。そこで便利なのが「Yahoo 知恵袋」と「Twitter」です。

Yahoo 知恵袋は、人々の悩みの宝庫であり、ここを調べれば世間の人たちがどんなことで悩んでいたり、困っているかがわかります。

Twitter は、リアルな人間の感情を知ることができます。ハッシュタグ「# 副業したい」と検索すると、多くの人たちが自身の感情と共にツイートしているのが見えます。こういったものが記事を書き続ける上で役に立ちます。

心にグサリと刺さる文章の書き方

１つだけ人の心にグサリと刺さり、気になるような文章の書き方をお教えしておきます。それは、「不安」に関する記事です。人は、ハッピーな記事よりも不幸な記事のほうが気になります。

例えば、「10万円でハワイへ行き楽しむコツ」というタイトルよりも、「10万円でハワイに行くと最悪です」のほうが気になるわけです。

安くハワイへ行けるのに越したことはないけど、危険やリスクを背負ってまで行きたいとは思わないわけです。だけど、安く行きたいという気持ちもある。こういった感情になったとき、人は後者の記事を読んでしまうということです。

「不安」を意識して記事を書くようにしてみてください。

このメディアから始めよう

最後に記事を投稿していくサイトについてお教えします。ブログ、サイト、オウンドメディアといくつかメディアの種類はありますが、最初はブログから始めましょう。理由は、ブログが1番シンプルでわかりやすいからです。

ここではアフィリエイト目的で開設するブログを紹介します。

ブログには無料と有料がありますが、まずは無料ブログで充分です。いろいろある無料ブログからベストなのを2個ご紹介します。

① はてなブログ　https://hatenablog.com/

機能面やデザイン面でも1番優れているのが「はてなブログ」です。もちろん、アフィリエイトもアドセンスもＯＫです。

また、はてなブログは、「はてなブックマーク」から記事が拡散されることもあり、被リンクが集められやすく、上位表示する際に必要なSEOの面でも他のブログより優れていると言えます。

「被リンク」とは、自分のサイト内のページが別の人のサイトでリンクが貼られることです。もっと簡単に言うと、自分のサイトが別のサイトで掲載されることです。よい評価であっても、悪い評価であっても被リンクとなります。運営者は、被リンクを意識してSEO対策を行っています。

② ライブドアブログ　https://blog.livedoor.com/

アフィリエイト規約が緩いので、どんなアフィリエイト広告を使ってもＯＫです。また、パソコンからの閲覧は、無料版でも広告を非表示にできます。スマホから見ると必ず自動広告が入ってしまうデメリットもありますが、無料なのでＯＫの範囲です。ブログのデザインカスタマイズも自由なのでライブドアブログもおすすめです。

無料ブログだと、「はてなブログ」か「ライブドアブログ」のどちらかで問題ありません。

削除されるリスクがない有料版ブログ

最後に有料でおすすめが、「Word Press」 https://wordpress.com/ja/ です。無料版ブログは、運営者の一存によってブログが消されるリスクもあります。何年も頑張って書いてきた自分のブログが一夜にしてなくなると思うと最悪です。

オンライン上の不動産と呼ばれるブログという資産は、自分ですべて管理できたほうが安心です。そこで、レンタルサーバーを借りて、ホームページ作成ソフトである「Word Press」に記事を書いていくと消されるリスクはありません。１年以上継続して無料ブログを続けてからWord Pressに移行するのもいいです。

まとめ

まとめますと、ブログを開設する。記事を書いていくカテゴリーを決める。SEOを意識したキーワードを決める。キーワードを意識して記事を書いていく。ASPに登録されている案件やアドセンスを設置していくという進め方になります。

10　オウンドメディアを構築する

好きなタイミングで情報発信したい人は

ブログだけで記事を書いて、アクセスを集めてアフィリエイトをするだけでなく、将来的に、プル型（待ち）のメディアとプッシュ型（攻め）のメディアも持ったり、SNSと連動させてLINEやメールアドレスを取得してこちら側の好きなタイミングで情報発信したい人は、オウンドメディアをつくっていくことをおすすめします。

オウンドメディアは24時間働く営業マン

オウンドメディアは、コンテンツを読みやすくするブログの役割以外にも、「リスト取り」と呼ばれるプッシュ型メディアを配信するベース基地の役割もあります。

また、ずっとオンライン上に置いておける資産となるので、集客媒体やセールスをする際に役に立ちます。

いわば24時間働いてくれる疲れ知らずの営業マンといったところです。

SNSやプッシュ型メディア、リスト取りに関しては第3章で詳しくお伝えしていくので、ここでは省略します。

カテゴリーを絞ろう

オウンドメディアにおいては、ブログと同様に1つのカテゴリーに絞ってコンテンツを書いていきましょう。

例えば、「ハワイ」であれば、ハワイが好きな人やこれからハワイに行く人が見たくなる記事といった、比較的幅広い記事から専門的な記事まで書いていきましょう。ダメなのは、相関性がない記事を書いてしまうことです。これは、相乗効果がないのでもったいないですし、見に来た人も「これは何のメディアなんだろう？」と思ってしまいます。

大切なのは、専門化した情報をお届けするということです。オウンドメディアを構築する際にも「Word Press」一択でいいです。

実は無料のWord Press

全世界の約3分の1がWord Pressを使っていると言われており、SEO対策にも強く、デザインのカスタマイズもしやすいので、デザイナーに依頼するときもほとんどの人たちがコーディングすることができます。

先ほど、ブログのところでWord Pressは有料だと書きましたが、実はWord Press自体は無料です。有料なのは、ネット上の住所に当たる「ドメイン」とその住所をネット上に掲載し続ける「サーバー」の代金が必要となってきます。

ドメインに関しては数社ありますが、最も使われていて最安値で取得できる「お名前.com」 https://www.onamae.com/ をおすすめします。

ドメインを取得する費用は、ドメインごとに異なりますが、例えば、.com（760円）、.net（960円）、.co.jp（3，740円）といった価格帯です。

サーバーに関しても数社ありますが、使いやすく信頼性もあり、私自身も使っている「エックスサーバー」 https://www.xserver.ne.jp/ はおすすめです。費用は、プランにより異なりますが、月額1，000円くらいです（初期費用3，000円）。

デザインは外注してしまおう

最後にデザインですが、自分でやるのは大変なので、外注化してしまいましょう。外注先は、「ココナラ」「ランサーズ」といった外注を依頼したい人と依頼を受けてくれる人のマッチングサービスサイトで探せます。価格は、デザイナーによりバラバラですが、私のこれまでの経験ですと10万円～50万円くらいでやってくれます。

・ココナラ　https://coconala.com/
・ランサーズ　https://www.lancers.jp/

11　SNSで情報発信をする

あなたのメディアを発見してもらうには

ブログやオウンドメディアをつくって記事を書いても、アクセスが集まるには時間がかかります。オーガニック（自然）な検索であなたのメディアを発見してもらうには、短くて3か月、平均すると半年くらいはかかります。

毎日、記事を書いていけるカテゴリを見つけたとしても、やはりアクセスがなければモチベーションは続きません。

無料でできてリスクがないSNS

そこで利用するのが、「SNS」になります。SNSは、個人同士が簡単に繋がり、同じ関心事を持つ人たちと情報を共有できます。また、拡散機能である「イイね」や「リツイート」「シェア」を押してもらえれば、あなたとつながってない人たちにもあなたの投稿を伝えることができます。しかも、無料でできるのでリスクはありません。

SNSは、見るだけという人もいるかと思いますが、SNSは発信してこそ真の利用価値があります。これを機に、情報を受け取る側から発信する側に回りましょう。サラリーマンで顔出しや実名がダメだという人でも、ニックネームやアイコンでも発信はできます。

SNSにはいくつか種類がありますが、どのSNSがいいかはあなたが発信するカテゴリーにより異なります。

慣れてくれば、すべてのSNSに手を出すべきですが、まずは1つのSNSに集中してスタートしていきましょう。

・Facebook（フェイスブック）

Facebookは、主にビジネス属性向けです。また、年齢層も40代、50代といったジュニアシニア世代が多く、会社経営者や起業家、投資家などが多いSNSです。

・Twitter（ツイッター）

Twitterは、ジャンルを問わずありとあらゆる属性の人達が参加していますので、Twitterは開設したほうがいいです。

・Instagram（インスタグラム）

ファッション系のインフルエンサーが多いInstagramは、10代、20代、30代といった若者が多く、中でもファッションの感度が高い人たちが多いです。

・YouTube（ユーチューブ）

YouTubeもSNSのカテゴリに入れてもいいでしょう。関連動画などに表示されることもあり、SNS的な側面も持ちあわせています。ここはほぼ全ジャンルの人たちがいますので、YouTubeへの動画投稿もしていきましょう。

イイねやリツイート、シェアを考えよう

このようなSNSで情報発信をするときに、皆が気になるような記事を書くことがポイントです。自分が満足するような記事を投稿するのではなく、どんな風に記事を書いて投稿すればイイねやリツイート、シェアがされ、拡散されるかを考えて投稿するのです。また、友達になる属性もフォローする属性もよく考えていく必要があります。

例えば、副業や稼ぐことなどに興味がある人たちはどこにいるのかを考えると、堀江貴文さんや与沢翼さんをフォローしている人たちは、ビジネスや投資に興味を持っている人が多いと思いますし、キングコングの西野亮廣さんやオリエンタルラジオの中田敦彦さんをフォローしている人であれば、フリーランスが多いことがイメージできると思います。

要は、SNSのインフルエンサーが発信している情報の内容であったり、インフルエンサー本人が持つ世間のイメージを考えて、あなたが情報発信したいカテゴリーと合う人たちをフォローしたり友だち申請するということです。

ちなみに、私のFacebookの友達は、ビジネス・投資・サーフィンといった私自身がやっていることに興味がある人を集めています。これを繰り返していくだけで、自然とカテゴリーを絞った状態で友達やフォロワーが増えていきます。

ギブの精神で貢献していこう

また、SNSの本質はコミュニケーションなので、まず自分からイイねやリツイート、シェアをしていって、相手が喜ぶ行為を積極的にしていきましょう。これが先です。

こういったギブの精神で貢献していくと、自然と返報性の法則が働いて、向こうもあなたの投稿にイイねやリツイート、シェアをしてくれるようになるものです。

地道ですが、無料ですし、何のリスクもないので、まずはSNSを使ってあなたのブログやメディアに誘導させれるようになりましょう。

12　リストマーケティングはオンラインビジネスの基礎中の基礎

プル型メディア

ここまでアフィリエイトや情報発信をする際に活用する、ブログやオウンドメディアといった媒体を紹介してきました。これらは総括すると「プル型メディア」と呼ばれ、読み手を待つメディアです。プル型メディアは、よいコンテンツ記事を書いて、それに気づいた人が読み手のタイミングでアクセスしてくるといった順番になります。

しかし、このプル型メディアだと、こちら側のタイミングで情報を届けたいときにリアルタイムで配信することができません。そこで使われるのが、「プッシュ型メディア」と呼ばれる攻めの媒体です。メルマガやLINEがプッシュ型メディアに該当します。こちら側のタイミングで発信できる媒体を持つことは、オンラインビジネスをやる上において非常に大切です。

リストを集めよう

オンラインビジネスをしている人たちは、常に「リスト」を集めることに意識を向けています。リストとは、あなたの情報発信や商品・サービスに興味がある見込客のことを指します。インターネットが普及する前までは、リストというと住所や電話番号でした。見込客リストがあれば、こちら側のタイミングで連絡をしてセールスができるわけです。

２０００年代に入ってからは、このリストの概念が「メ―ルアドレス」になりました。メールアドレスがあれば、こちら側のタイミングで情報を発信することができるようになります。

リストを集めるために広告を出す

メールアドレスを取得する目的で広告を出すと、１件当たり３００円～５，０００円ほどかかります。メールアドレス１件を取得するために５，０００円も払うの？　と思う人もいるかもしれませんが、１件５，０００円を払ってもそれ以上になって返ってくれば広告費はペイできます。

金融系や投資、ビジネス属性のリストだと１件当たり１，５００円～５，０００円はします。それくらい払っても投資やビジネスに関心があるリストは価値があるということです。

情報発信に使うLINE公式アカウント　https://www.linebiz.com/jp/login/

このメールアドレスと共に最近リストとして考えられているのがLINEです。LINEには、通常の友だちとの連絡でやり取りする「LINE」と、情報発信に使う「LINE公式アカウント」があります。

飲食店に行くと、「LINE友だち追加で1杯無料」といったPOPを見かけたことがある人もいるかと思います。あれがLINE公式アカウントです。LINE公式アカウントは、友だちになった人たち全員に一斉配信ができるようになり、メルマガのような配信ができます。

LINEのユーザー数は8600万人とされており、今や日本においてはLINEを使ってコミュニケーションを取っている状態です。ですから、メールアドレスよりもLINEのほうが、使ったり見たりする頻度が高いので、今はLINEをビジネスに利用する人が増えています。

LINEのデメリット

であれば、「メールアドレスはいらないのでは?」と思うかもしれませんが、LINEにもデメリットがあります。それは、LINEは企業のプラットフォームサービスだからです。つまり、LINE側の意向1つで、これまでに配信できていたアカウントが削除されたりします。

私の友人もビジネスでLINE公式を使っていましたが、規約違反だと言われてアカウントが削除されたりしています。ですので、現状としては、メールアドレスとLINEの両方を使う方向で業界は動いています。

メールアドレスだとプラットフォームに依存していないので、アカウントが削除されたり使えなくなったりしませんが、そもそもメールを見る頻度がLINEより低かったり、メルマガ配信サービスによっては迷惑メールボックスに入ってしまう可能性があります。

LINEですと到達率は100％ですが、アカウントが削除されるリスクがあります。「メールアドレス」と「LINE」の両方のリストを取得していくことにより、好きなタイミングで商品やサービスをセールスできたり、自分が情報発信したいときに即時、配信ができるようになります。

リストマーケティングを制する者がオンラインビジネスを制す

オンラインビジネスの根幹は、このリストマーケティングです。したがって、「リストマーケティングを制する者がオンラインビジネスを制す」のです。リストを集め続けて、そこに向けてセールスをするだけで年間で1，000万円～1億円を稼げるようになれます。

筆者の推奨メルマガ配信サービスとしては、次のものがあります。

- JCity（ジェイシティー）　https://www.jcity.co.jp/mmg/plan.php
- MyASP（マイスピー）　https://myasp.jp/

※大森淳弘の公式LINEでは、本書には書ききれなかった「即金でアフィリエイト報酬が得られるノウハウ」などについて配信します。

LINEで、@068gitufを「ID検索」するか、QRコードで友だち追加

@068gjtuf

大森淳弘コラム：オンラインビジネスは目立ったほうが得をする理由

オンラインビジネスでお金を稼いだりする場合には、目立ったほうが得をします。これは何もあなた自身が目立つことだけではありません。キャラクタービジネスと言われるユーチューバーやインフルエンサーみたいに「売り」を自分にすることもいいですが、そうでなくても、例えば、匿名のオウンドメディアやアバターがプロフ画像のTwitterやブログなどでも充分に活動はできます。

オンラインとリアルの世界を同じようにとらえる必要はなく、あくまでもオンラインの世界では別人格を演じ、割り切ってアクセスを集めることを意識したほうが得をします。

第3章　あなたの経験という知的財産をシェアする〈オンラインビジネス〉

1　自分の頭の中の知識をお金に変換する商売

知的財産に在庫は存在しない

本章では、あなたの「経験」をお金に換金するやり方についてお教えしていきます。オンラインビジネスをしている人の中で、自分の経験という知的財産をお金に換えてビジネスをしている人は多く、資本をほとんどかけず利益を出せています。資本をかけずに利益を出せる理由は、在庫という概念が存在しないからです。

実業やモノを販売する商売だと、家賃や在庫といった固定費や仕入が発生します。ですが、知的財産は、家賃も在庫もありません。すべては自分の頭脳の中に格納されており、そこから無限に出すことができるからです。

もちろん、世間の人に対して価値があると思われ、お金を出す価値がある知的財産を販売しなければなりませんので、日頃から何も考えてなく生きてきた人だと、知的財産としての価値はあまりないかもしれません。

ですが、私たちは、何かしらの経験をこれまでにしてきています。学生時代であれば受験勉強、サラリーマンであれば採用方法に社員の育成方法、趣味を持っている人であれば釣りやゴルフ、英会話や海外が好きであれば英語が話せる方法、海外旅行へ行く際のお得な情報（マイルの貯め方とか）など。何かしら他人が持っていない、もしくは知らない経験をしているはずです。

プロや専門家レベルまで詳しくなくても大丈夫

何もプロや専門家レベルまで詳しかったり、経験をしてなくてもいいです。私がこのような自分の経験を販売してビジネスをしましょうと言うと、「私はそんな人様に教えるほどではありません」という人がいますが、それでもビジネスになります。

世の中には、プロや専門家に教わるよりも、自分よりも少し先を進んでいる人から学びたいという人もたくさんいます。初心者や未経験者の悩みを昨日の頃のように共感でき、その人たちが持つ悩みを最近まで自分も抱えていたというような人から教わるほうが、親近感が持たれて支持されます。

本当に何の経験もないという人は、インプットから始めないといけませんし、実際に商品として販売する際にも、再度、情報をまとめるためにインプットする必要はあります。

ですが、世の中の人や私がこれまでに見てきた人たちを見ると、ほとんどの人がインプットするだけで終わっているのです。インプットした情報や経験は、アウトプットしてこそ、価値として評価されます。もしかしたら、価値がないと判断されるかもしれませんが、価値があると判断されることだってあるわけです。

大切なのは、お金になるかどうかは自分が決めることではなく、販売してみてお客様が購入するまでは誰にもわからないということです。

2　元手0円から完全在宅で月収100万円が実現する世界へようこそ

オンラインビジネスはどこにいても稼げる

資金がなく、元手0円からでも収入を得られるのを可能にするのが、オンラインを使ったビジネスですが、このオンラインビジネスは、ネット回線とパソコンやスマホさえあればどこにいても稼ぐことができます。

オフィスを借りたり、スタッフを雇用したり、人間関係に気を使わずに、自宅にいながらひっそりとサラリーマン以上の収入が得られるようになります。

私が独立しようと思った理由の1つには、職場での人間関係に疲れたからということがあります。

私がオンラインビジネスをしようと思った理由

当時は、飲食店の店長だったので、アルバイトの学生さんやパートの主婦、または他店舗の店長にオーナーである社長、こういった利害関係者と協力する一方で、自分勝手な発言や行動をするバイトさんや競争意識を剥き出しにライバル視してくる同僚に私は疲れていました。

そこで、私は、たった1人で月収100万円が在宅でも稼げるというオンラインビジネスを知り、副業から始めてみたところ、開始半年後には月収100万円を稼げるようになりました。そのときの私の貯金は、300万円ないくらいでしたが、家庭の事情で2，500万円が必要という状況でした。ですので、実質的には使えるお金は0円だったのです。

それでも、まずは不用品をヤフオクで売ってみたり、セルフバックと言われる自分が申し込むサービスに自分でアフィリエイトをする方法を繰り返して軍資金をつくり、そこから徐々にお金をオンラインビジネスで増やしていきました。

また、私の友人のほとんどは、起業家や会社経営者、投資家なのですが、彼らも起業当初は資金がほとんどない状態からのスタートだったのです。

世間は失敗した話のほうが好き

このように私以外にも資金がほとんどない状態からスタートしても、自宅から1歩も出ずに月収100万円が稼げる世界は存在しています。雑誌やネットに書いている、インターネットを使ったビジネスを教えるような情報商材なんて稼げないといった情報を目にしたことがある人もいるかと思います。彼等は、他人の話を又聞きして書いてる場合が多く、彼らが発信している内容を読んでみると、何も行動せずに結果が出なかった人からの情報を元に書いていることが多かったです。

また、世間の人は、成功した話より失敗した人の話のほうが気になるので、上手くいかなかった情報を発信するほうがウケがいいという事情もあります。

残念なことですが、こういったビジネスや投資でお金を稼ぐという分野は、真っ当なやり方を教えている人もいれば、詐欺師のような人も少なからずいるのも事実です。ですから、こういった玉石混合している業界の中には騙されてしまった人もいますので、誰でも信用してついていかないようにしてください。

元手０円、完全在宅で月収１００万円が稼げる２つ理由

ですが、元手０円から、完全在宅で月収１００万円が稼げるのは事実です。それをこれから本章でお教えしていきますが、理由としては、①情報というデジタルコンテンツを販売するので在庫がかからない。②ネット回線とパソコンやスマホがあればビジネスができる。大きくはこの２つです。

ただ、これだけだと稼げるようにはなりません。稼げるようになるためには、集客や教育、商品の売り方といったオンラインビジネスで収益を上げるためのマーケティングを学ばなければなりません。

3　デジタルコンテンツをつくって売る具体的な手順

どんなデジタルコンテンツをつくるか

それでは、実際にデジタルコンテンツをつくって売る手順についてお教えしていきます。

まず第1に、どんなデジタルコンテンツをつくるかです。デジタルコンテンツの世界では、売れるカテゴリーというのは次のようにおおよそ決まっています。ここを外すと売れません。

①　お金が稼げるノウハウ

この市場が1番巨大なカテゴリーです。理由は、ほとんどの人が興味がある分野だからです。マーケットに参入する際に必要な考え方は、どのくらいの市場規模があるかです。その観点からしても、ビジネスで稼ぐとか、投資でお金を増やすとか、副業や独立開業ノウハウは、ほとんどの人が興味を持つ分野です。

②　コンプレックス解消ノウハウ

この市場も、地味ですが大きなカテゴリーです。コンプレックス市場は、細分化されているので、一概にコレといったモノは決められません。

例えば、ワキガや薄毛に手汗、早漏といった、他人にあまり相談できないデリケートな悩みがあります。デリケートな問題なだけに1人で悩んでいる人も多く、そういった人にとってはデジタルコンテンツというのは誰にも知られずに購入できるという魅力的な市場です。

③　恋愛・婚活ノウハウ

こちらも大きなカテゴリで、かつデリケートな分野です。誰とも恋愛をしてこなかった人や、結婚相手を真剣に探している人は多いです。

成人してから異性と話したことがあまりなかったり、セックスするまでのアプローチの仕方がわからない人たちにこの市場は支持されています。また、街で出会った異性を口説けたらどれだけ人生が楽しく豊かになるだろうかと思っている人もいます。そういった人たちには、ナンパノウハウが人気あります。

最近だと、出会い系のマッチングサイトで、異性とマッチングできるノウハウは人気があります。

④　スキルアップノウハウ

スキルアップノウハウは、中学・高校・大学受験といった入試ノウハウから始まります。英語や韓国語といった映画やその国の文化が好きな人たちは、語学を学ぼうとします。

とくに英会話の市場は大きく、２０１８年のデータでは約８，８６８億円もあると言われています。

こちらも、恋愛・婚活ノウハウ同様にオンライン化が進んでいます。私の友人は、フィリピンの外国人講師を活用し、現地からオンライン電話で日本人の生徒さんへ向けて24時間体制で英会話レッスンを受けられるオンライン英会話事業を展開しており、大変人気があります。

また、スキルアップは、スポーツでも同じで、ゴルフのスコアアップというデジタルコンテンツもあれば、フラダンスといったあまりメジャーではない分野もあります。

デジタルコンテンツの形式

次に、コンテンツの作成です。

一昔前まではPDFファイルによるテキストベースのデジタルコンテンツが主流でしたが、最近では動画や音声によるコンテンツも増えています。

テキストベースでデジタルコンテンツをつくる際には、ワードでノウハウを書いていき、最後にPDF化しますが、動画だとYouTubeに非公開でアップロードしてURLを知っている人だけが見られるようにします。その他にも「VIMEO」 https://vimeo.com/jp という動画共有サービスを使っている販売者もいます。

音声の場合は、スマホで録音した後に、その音声ファイルを「Googleドライブ」 https://www.google.co.jp/drive にアップします。アップできたら「リンク共有」ができますので、そのURLを配布できるようになります。

コンテンツの内容には、「ノウハウ説明」「マインドセット」「Q&A」が入っています。

デジタルコンテンツを販売する場所

続いて販売する場所ですが、まずは初心者でも簡単に販売できる「note」 https://note.com/ 、「ココナラ」 https://coconala.com/ で販売してみましょう。Noteもココナラも1，000円くらいから高くても5万円までのデジタルコンテンツが販売できます。

実際に人気があるデジタルコンテンツをNoteやココナラで購入してみれば、どのような内容を書けばいいいかの目安がわかってきます。

4　SNSでアクセスを集めて無料で売る

SNSの活用

デジタルコンテンツをつくった後は、集客をしていくとさらに売上が伸びていくわけですが、Noteやココナラといったプラットフォームに商品を出しているだけだと売上は伸びません。

そこで次にやることがSNSの活用になります。

SNSは、無料で集客ができるのと、お金を出して広告を出している人もSNSを利用しています。理由は、SNSには見込客となる人たちがいるのと、やり続けることで友だちやフォロワーが増えていくので、拡散されたり資産として残るからです。

Twitterなのか、Facebookなのか、Instagramなのかは、あなたが販売するデジタルコンテンツの内容により異なりますが、基本的にはすべてアカウント開設して実際にやってみることです。

全SNSに共通する見込客を集める方法は、あなたが販売するデジタルコンテンツに興味のある人と繋がることです。そのためには、まず、多くのフォロワーや友だちがいるインフルエンサーと繋がっている人たちをフォローしたり、友だち申請をしていきます。そして、繋がったら、イイねやリツイート、コメントなどを残して積極的にコミュニケーションを取っていきます。これを繰り返していくことで、あなたの存在はだんだん知られることになり、あなたがイイねやリツイート、コメントをしたお返しに彼等もあなたの投稿に対してアクションをしてくれるようになります。なお、投稿する内容は、共感しやすいことを意識してください。

イイねしたいけれど、他の人にイイねしたのがわかると恥ずかしい内容などは、最初はしないようにして、まずはイイねの数を増やす投稿を心がけましょう。そして、ある程度の規模になってきて、あなたの投稿を一定数見るような人たちが増えてきたら、セールスやグサリと刺さる投稿をしてもＯＫです。

セールするスタイミングはトライ＆エラー

また、ダイレクトメールでいきなり商品を売ろうとする人もいますが、これは非効率です。というのも、関係性がない状態でモノを売ってしまうと売れるモノまで売れなくなるからです。いきなり見ず知らずの人からセールスをされても買おうとは思わないはずです。それよりも、ある程度の人となりがわかってから買う人のほうが多いです。

どのタイミングでセールスをしていいかは、本人の判断になりますが、これも実際にトライ＆エラーを繰り返していくうちにわかってきます。

嫌われることを恐れない

SNSを活用する上において大切なのは、嫌われるのを恐れないということです。

１００人いて１００人があなたに対して好意的ではなく、中には批判的な人や攻撃的な人もいます。ですが、気にすることはありません。セールスをする上で1番避けなければならないのが、気にされない。つまり、無視されるということです。

嫌われず、好かれずという状態は、商売をする上では避けなければならないことです。アンチが多い分、ファンも多いのが世の常です。批判的なことを言われても気にせずに、あなたのことを好きな人だけに向けて積極的にコミュニケーションを取っていきましょう。SNSの本質はコミュニケーションなのですから。

5　アフィリエイターを使ってノーリスクで売る

アフィリエイターの活用

集客を無料で行う方法には、アフィリエイターの活用があります。金銭は発生するのですが、アフィリエイターへ報酬を支払うのはデジタルコンテンツが売れてからなので、リスクはゼロです。

例えば、1万円のデジタルコンテンツをアフィリエイターに紹介してもらい、販売してもらうとします。その場合、購入者が支払を完了し、その代金の中からアフィリエイターに紹介報酬を払う流れなのです。

つまり、第2章の無形商品である情報商品がデジタルコンテンツなのです。

アフィリエイターは報酬金額が低くても売れやすいコンテンツを紹介したい

アフィリエイターへの報酬金額は、自分で決めることができます。1万円のデジタルコンテンツについて、アフィリエイト報酬を30％の3，000円にしてもいいですし、50％の5，000円にしてもいいです。

もちろん、アフィリエイターが動いてくれるのは、報酬金額が高いに越したことはありませんが、それと同じくらいに良質なコンテンツであることと、売りやすいことも大切です。いくら報酬金額が高くても売れにくいのであれば、アフィリエイターはやりたがりません。報酬金額が低くても何本も売れるほうを紹介したいものです。

その際に重要なのがセールスページです。セールスページとは、デジタルコンテンツの内容が書かれた商品販売ページのことです。内容のすべては書きませんが、購入者が買いたくなるような説明文を書いていきます。こういったセールスライティングのテクニックはいろいろあり、追究していくとかなりマニアックな内容になってしまいますので、ここでは基礎の部分をお教えします。

セールスページに必要な要素

セールスページに必要な要素は、信頼性・概要・メリットです。なぜ、あなたの商品が信用できるのか？　どんなデジタルコンテンツの内容なのか？　購入したらどのようになれるのか？　です。

付け加えると、人は不安な情報のほうに耳を傾ける生き物です。ですから、不安を提示するような文章も必要です。「このままではあなたはこうなりますよ」とか、「このノウハウを知らないとライバルに抜かされてしまいますよ」といった現状、見込客が抱えている心の不安を代弁してあげて、「それを解決できるのが当商品です」と伝えるのです。

人の不安を煽るような売り方なんてできないと思う人もいるかもしれませんが、不安というのは強烈に行動を促すツールなのです。あなたがつくったデジタルコンテンツがよいモノであれば、買わないという選択肢を与えるほうが罪なのです。

SNSで繋がった人たちにアフィリエイターとして紹介してもらってもいいですし、友人や知人に紹介して貰ってもいいでしょう。もしくは、情報系ASPである「インフォトップ」には数多くのアフィリエイターが登録していますので、インフォトップ　https://www.infotop.jp/　に販売者登録をして、あなたのデジタルコンテンツを紹介してもらうこともできます。

6　ネット広告を出して時間をお金で買って最短最速で売る

時間がかかる等のデメリットの克服は

それでは最後に、広告を出してデジタルコンテンツを売る方法についてお教えしていきます。これまでは、プラットフォームにすでにいる見込客やSNSを活用したり、アフィリエイターを使って販売する方法をお伝えしてきました。

これらの方法は、基本的にリスクがなく、資金も0円で再現できます。月に10万円とか50万円くらいまでであれば、この無料の方法で稼げますが、月収100万円以上を狙おうと思うと時間がかかり過ぎます。つまり、デメリットとしては、「爆発的には売れない」「時間がかかる」といったものがあります。

広告を出してみる

アフィリエイターに沢山売ってもらう方法でも月収100万円以上は可能ですが、そうなるとアフィリエイター依存になってしまい、他の案件のほうが魅力的だとアフィリエイターはそちらのほうを優先してしまうこともあり得ます。ここは人間関係と信頼関係にも影響してきますので一概に断言はできません。

ですが、コミュニケーション能力が高い人ばかりがオンラインビジネスをやっているわけではないので、自分で集客し、自分で販売するという自己完結モデルが理想です。そこで広告を使うことになるのです。しかし、実際にお金を払って広告を出すとなると、躊躇してしまう人もいるかと思います。「広告費を払って売れなかったらどうしよう…」「広告費以上に売れなかったらどうしよう…」と、どうしてもお金を出して広告を出すとなると身構える人もいるかと思います。

ですが、実際に広告を出してみると、想像していたよりもリスクはないことがわかります。というのも、ネット広告は、先に予算を設定できるようになっており、例えば1日に1万円までと決めてしまうとそれ以上の広告費は払う必要がなくなります。また、掲載期間も設定できるので、1日1万円×5日間ということも可能です。

つまり、テストができるということです。3，000円くらいからでもいいので、先に広告を出してみましょう。ネット上には様々な広告媒体がありますが、ここでは2つの出稿先を紹介しておきます。

① Facebook広告　https://www.facebook.com/business/tools/ads-manager

Facebook広告のよいところは、ターゲティングの精度の高さです。Facebookは実名制なので、正確なユーザーの属性（性別・年齢・地域など）にターゲティングを絞ることが可能です。

例えば、「30代～50代の都内に住んでいるサラリーマンで、ビジネスに興味がある男性」といったように属性を絞り込むことができます。

また、ユーザーの興味・関心・イベントに合わせて配信したりもできます。さらに、InstagramもFacebook社が保有している媒体なので、Facebook広告を出すと同時にInstagram広告へも出すことが可能です。Facebook広告の出し方は次のとおりです

・Facebookアカウントとページ作成

「Facebook個人アカウント」「広告配信用アカウントのビジネスマネジャー」「広告アカウント」「Facebookページ」の4つを準備。

・広告に出すランディングページ
いきなり商品を販売するのではなく、まずはメールアドレスやLINEに登録してもらうページを用意。
・予算／期間／ターゲット
予算を決めて期間を設定。それに、どのようなユーザーにリーチしたいかを決める。
・支払方法を設定
クレジットカード、クレジット機能付デビットカード、PayPalが使用できます。

②　YouTube広告　https://www.youtube.com/intl/ja/ads/

今やスマホを持つユーザーの多くがLINEに次いで見ているYouTube。あなたも見たことがあると思いますが、動画の前や途中に出てくる動画がYouTube広告です。

YouTube広告は、動画ですので動画をつくる必要がありますが、そこまでしてもYouTube広告の反応はよいのです。私の友人でも、YouTube広告に月間5，０００万円ほど使って2億円の売上があります。

YouTube広告の出し方は次のとおりです。
・YouTube広告用の動画をつくる
・Google広告へ登録をして「新しいキャンペーン」を作成する
・キャンペーンタイプを選択（動画広告は「ブランドと認知度のリーチ」）

・配信期間や入札単価、広告を表示させる地域を入力
・広告動画のURLを貼りつけて広告を開始

難しそうと思ったらメルマガ広告から始めてみる

こうしたSNSへの広告と同じようにメルマガ広告も効果があります。

例えば、私の「大森淳弘公式ビジネスメールマガジン（http://atsuhiroomori.com/newlp/）」は、約20万人の読者がおり、ビジネスや投資などに興味がある人たちです。このようなメルマガに広告を出すことも可能なのです。

Facebook広告やYouTube広告が難しそうだと思うのであれば、まずはメルマガ広告から始めてみてください。メルマガ広告は広告文と商品ページだけあれば配信可能です。

ネット広告は、時間をお金で買って最短最速で売る方法です。また、広告を出すことをマスターできれば、どんなビジネスでも軌道に乗せることが可能です。

7　オンラインサロンもオンラインスクールもベースはコミュニティービジネス

デジタルコンテンツの先にあるコミュニティービジネス

ここからは、デジタルコンテンツの先にあるコミュニティービジネスについてお教えしていきま

す。

デジタルコンテンツは、1，000円くらいから高くても5万円くらいがほとんどです。また、教材ですのでサポートやコミュニティーといった人との繋がりがなく、販売する側からすれば手離れがよい商品です。購入者も知りたいノウハウだけを知ることができるので双方にとってもメリットはあります。

ですが、世の中には、ノウハウだけを知っても結果を出せない人もいます。結果を出せない人のほうが多いと思います。

その原因は、コンテンツの内容が悪いといったことではありません。中には粗悪で中身がほとんどないデジタルコンテンツもありますが、そういった商品は悪評が立つのでいずれ売れなくなります。

メンターや仲間と共に解決し成長できる場所

そこで、オンラインサロンやオンラインスクールのようなコミュニティーがあるのですが、こういったコミュニティービジネスのよいところは、1人では解決できない悩みをメンターや仲間と共に解決していき成長できるところです。

私も9年以上オンラインスクールに入っていますが、コミュニティーは本当に効果があると実感できています。そうでなければ、年間40万円も払って、9年も継続するわけがありません。

モチベーションの違いが結果に出る

目的を持った人間が結果を出せるか出せないかの違いとは、本人の能力や経験ということよりも、モチベーションが影響しています。どれだけ優秀な人でも、たった1人でビジネスを続けていくには相当な目的意識がなければ達成できません。

借金があって来月中に返さなければ自宅を取られてしまうといった切羽詰まった状態であれば、これがモチベーションとなり、なりふり構わず行動をしていくと思いますが、多くの人たちはそこまでの目的意識はありません。

人間が行動をしていく動機づけ

人間が行動をしていく動機づけには、快楽を得られる動機づけと痛みや苦痛から逃れる動機づけがあると言われています。

快楽を得られる動機づけとは、お金を稼いでよいレストランに行ったり、海外旅行に行ったり、好きなブランド品を買うというものです。痛みや苦痛から逃れる動機づけとは、借金を返したいとか病気を治したい。家族を救いたいといったものです。

私もそうでしたが、一般的には後者の痛みや苦痛から逃れる動機づけのほうが行動力は上がると言われています。ですが、快楽を得られるための動機づけも立派な行動基準です。英語を話せたらいいなと思って英会話スクールに行く人が多いのは、前者の快楽を得られる動機です。しかし、こういった人たちに教材を渡しただけでは、時間管理やモチベーション維持ができなければ、結果を出すことは難しいのです。

簡単に結果を出すには

そこで、簡単に結果を出すために必要なのが、「環境を変える」ことです。

私たちは、自分の身の回りにいる人たちと比べて自分の立ち位置を理解すると言われており、人の悪口ばかりを言っているコミュニティーにいると、自然とそれが当たり前になってきて、気づけば自分も人の悪口を言うような人間になっていきます。

また、自分よりもお金持ちがいるコミュニティーに入ると、最初は居心地が悪いのですが、徐々に自分だけが金持ちでないことに違和感を感じてきます。そうすると段々と彼等と同じような行動や言動をするようになり、気がつけば自分もお金持ちになっていく行動をするようになっていくものなのです。

そういった原理原則に従うと、同じ志を持った人たちが集まるオンラインサロンやオンラインスクールというのは、非常に効果的です。メンターとマンツーマンのコンサルティングも同様の効果があります。

世の中にあるオンラインサロンやオンラインスクールにコンサルティングというのは、強制的に自分を変える環境が用意されているコミュニティーなのです。今の時代は、職場や地元といったリアルなコミュニティーにいる必要はなくなっています。あなたが成りたい理想とする人たちが集まっているコミュニティーは、オンライン上に沢山あります。

8　人間の社会的欲求と承認欲求を満たすことがポイント

人との繋がりを求めている私たち

私たちは、常に潜在意識レベルで、人との繋がりを求めています。ここでは、少し人間が求める感情ベースの部分を深堀りしていこうと思います。

ビジネス書なのに感情論なんて役に立つの？　と思う人もいるかもしれませんが、理屈だけで商売が成り立つ世界でないのも真実です。理由は、商品やサービスを売ったり買ったりするのは私たち人間だからです。どこまでＩＴ技術や人工知能にビックデータといったテクノロジーが進化しても、最終的には人間に帰結します。人工知能もビックデータも私たちの感情の集合体なのです。

人間が求める欲求には5段階ある

私たちが求める欲求には５段階あると言われています（図表15参照）。最下層にある欲求は「生理的欲求」です。食欲や睡眠を満したいという最低限の生命を維持したいという欲求です。ここは、ほとんどの人が実現できている欲求だと思います。

【図表16　人間が求める５段階の欲求（マズローの欲求５段階説）】

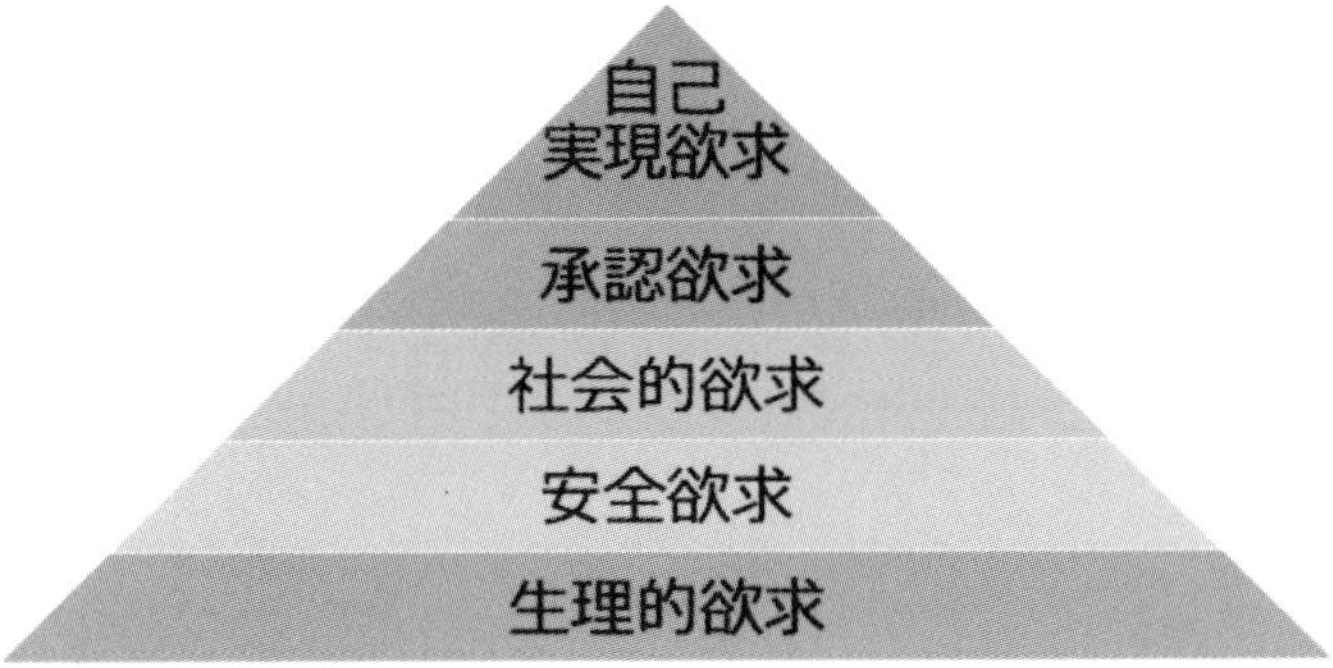

その1段上にあるのが「安全欲求」です。健康的・経済的にある程度、安全が担保された環境で生きていたいという欲求です。会社に勤めるサラリーマンや主婦、公務員などは、安全欲求はある程度満たされているはずです。

ここまでを「物質的欲求」と呼び、ほとんどの人は第2段階までは満たされています。

精神的欲求

次からが「精神的欲求」のステージへと変わります。3段目にあるのが「社会的欲求」です。家族や組織といった社会集団に所属したいといった欲求です。

私たちが常につながりを求めているのも、この社会的欲求を満たす行為です。話し相手がいなくて、誰も自分を受け入れてくれる人がいない環境では孤独を感じてしまいます。これは自分がどこにも所属していない状態で、物質的な欲求ではなく精神的な欲求を満たしたくなるのが3段目から発生します。

続いてが4段目が「承認欲求」です。承認欲求は、どこかの社会集団に所属しているだけでは満たされないものです。所属する集団の中で評価されたり、自分の能力や価値を認められたいという欲求が出てきます。SNSに参加して活動するのも社会的欲求を満たす行動ですが、ただ他人の投稿を見ているだけではなく、自分も投稿をしてイイねやリツイート、シェアをしてもらうことで承認欲求が満たされます。

人間が最後に求める欲求

最後が「自己実現欲求」です。生理的欲求・安全欲求・社会的欲求・承認欲求が満たされると、最後に求めるのが自己実現です。自分だからできることや、自分らしく生きていきたいという欲求を指します。

「独立して起業したい」「海外に住みたい」「インフルエンサーになって有名になりたい」など、人により叶えたい理想像があるかと思います。その理想像と現実が一致していないと、自己実現欲求は満たされません。オンラインサロンやオンラインスクールといったコミュニティービジネスは、3段目の「社会的欲求」と4段目の「承認欲求」を満たしてくれるサービスです。

会社や何かしらの組織に属している人であれば、社会的欲求は満たされているかと思いますが、フリーランスや個人事業主などの1人ビジネスだと、社会的欲求は満たされません。また、組織に属している人でも、4段目の「承認欲求」が満たされていない人もいます。

社会の集団と繋がっていたい。自分が評価され能力を認められたい。このような人間が持つ欲

【図表17　自己実現欲求の実現】

このように午前中は海でサーフィンをし、昼からホテルで仕事をする人生を筆者は選択している（ハワイにて）。

求を満たしてあげることができるのが、同じ価値観を持つ人たちが集まったコミュニティービジネスなのです。そして、コミュニティーに参加していくことで、最終的な欲求である自己実現欲求を満たすことができるようになっていきます。

私も、起業当初は1人でビジネスをしていました。それからオンラインスクールに入り、徐々に欲求を満たしてきました。今では、自己実現欲求である、好きなときに好きな人たちと好きな場所で過ごすことを実現できています。

サラリーマン時代からの夢であったハワイやカリフォルニア、バリ島で自由にサーフィンができる環境を経済的にも時間的にも実現できており、コミュニティーが持つ重要性を理解している1人です。

9　筆者が月収3，500万円を稼いだ強烈なセールスノウハウ

オンラインビジネスを本格スタート

２０１２年頃から、私は自分の経験という知的財産を販売するオンラインビジネスを本格的にスタートさせました。同年に、講師６名くらいと共にAmazon Business clubという輸入商品をAmazon中心に販売する会員制スクールを運営しました。この頃に教えた会員さんの中には、今でも仲よく連絡を取り合っている人が何人もいます。

そんな彼等は、今では年商1億円の事業をやっていたり、育て上げた事業を3億円でバイアウトしたり、月収1，０００万円くらい稼ぐマーケッターとなったりしており、多くの成功者を指導してきました。

元々はサラリーマンだった人たちが、自分の力で稼げるようになり、自信を持ち始め、成長していく様は、私に幸福感をもたらしてくれました。

知的財産ビジネスで月収3，５００万円

そんな知的財産ビジネスを始めて8年以上が経過しています。これまでに様々なデジタルコンテンツやオンラインスクールを企画し販売してきました。自分のコンテンツだけでなく、ビジネス

パートナーの稼ぎ方や英会話スクールなどもプロモーションしてきたのですが、１番大きく稼いだのは記憶する限り月収３，５００万円だと思います。月収１，０００万円のときもあれば月収２，０００万円のときもありますが、毎月ではなくプロモーションをしたときにこのくらいは稼げるようになりました。

たった１人、パソコンとネット環境だけで月収３，５００万円を稼げるわけですから、取り組む価値がある世界だと思います。もちろん、簡単にはできるようにはなりません。勉強して、実践して、検証を繰り返していく必要があります。マーケティング・コピーライティング・集客・セールス・パブリックスピーキングといったスキルは必須になってきます。ですが、こういったスキルを学べば、あなたも私と同じように月収３，５００万円を稼げるようになります。

オンラインビジネスは移り変わりが激しい

オンラインビジネスの世界は、常にトレンドが移り変わる世界です。２～３年前まで通用していた手法が、徐々に通用しなくなることはよく起こります。ですが、基本は「ネットで集客して信頼関係を構築して販売する」です。実際に私が月収３，５００万円を稼いだときもシンプルにまとめるとこれを丁寧にしただけです。

デジタルコンテンツやオンラインサロン、オンラインスクールを販売して、ビジネスをしたい人は、この後から紹介するセールスのやり方を覚えるようにしていきましょう。

10　セールスするときのキモとなるPASONAの法則

PASONAとは

商品やサービスをセールスするときに売りやすくする法則があります。いきなり見ず知らずの人に、「私の商品を買ってください」といっても売れないのは想像できるかと思います。

では、どのような状態になれば商品が売れていくのかと言うと、商品の内容が正確にわかり、販売者がどのような人物なのか？　購入することによりどのようなメリットがあるのかをしっかり伝えられれば、商品やサービスの購入率は高くなります。価格帯が高くなればなるほど、お客様は慎重に検討します。これを法則化したのが「PASONA」の法則です。

PASONAとは、商品やサービスを購入するときの導入から支払までの一連の流れにおいて必要な要素の頭文字を取ったマーケティング用語です。

「PASONA」の法則

PASONAの法則について、1個ずつ説明していきます（図表18参照）。

・P：Problem（問題の提起）…見込客が抱えている問題を問いかける。

・A：Agitation（問題をあぶり出す）…見込客の問題を具体的にして危機意識を持ってもらい、こ

【図表18　PASONA（パソナ）の法則とは】

P　問題定義：Problem

A　問題を煽る：Agitation

SO　解決策：Solution

N　絞込み：Narrow Down

A　行動：Action

Ｐから順番に説明していくとスムーズに商品・サービスへの販売に繋げることができる。

のままではダメだと危機意識を持ってもらう。

・SO：Solution（解決策と証拠の提示）…見込客が抱えている問題を解決できる方法と解決できる裏づけとなる証拠を示す。

・N：Narrow Down（限定・絞込み）…あなたの抱えている問題を解決できる商品は限定であり、いつまでも購入できるものではないことを伝える。

・A：Action（行動）…本当にこの商品が欲しいのであれば今すぐに購入するように行動を促す。

私たちは問題を抱えていることに気づいていない

このようにセールスの基本的な流れを

PASONAの法則でつくることができます。

デジタルコンテンツ販売やネット通販などのセールスページは、ほぼPASONAの構成です。私たちは、自分自身でも問題を抱えていることに気づいていない場合が多く、その問題を伝えて解決策を教えることで、ようやくその商品が必要だと気づく人が多いのです。

また、ネット上には、沢山の魅力的な商品やサービスがあるため、いつでも買える状態だと他の商品を買われてしまいます。そこで、販売数や販売期間を限定することで、今買うのがベストなタイミングだと思ってもらい、購入に繋げていくのです。これがオンライン上でセールスする基本的な一連の流れです。

オンラインでの信頼関係の構築の仕方

まだお客様になっていない見込客の段階において必要なのが信頼関係です。

オンライン上で信頼関係を構築するためには、接触回数が必要です。接触する回数が多ければ多いほど、お互い親近感が得られ、信頼できる関係になるという心理学効果があるのですが、これをオンラインでやるとなると文章か動画になります。

ここで大切になってくるのが、役に立つ情報をどれだけわかりやすくシンプルに伝えられるかということです。

現代社会は、ヒマな時間があまりないと言われています。その原因はスマホだと言われています。

【図表19　PREP（プレップ）法とは】

Point　結論（先に結論を述べる）

Reason　理由（結論に至った理由を述べる）

Example　具体例（例で理由と結論を補強する）

Point　結論（再度、結論を述べる）

今の時代は長文を読む時間があまりないため、
できる限り簡潔に要点をまとめて伝える必要がある。

スマホ１台あれば、海外でも国内でも自宅にいるのと同じ感覚になれます。ずっとスマホの画面を見ているわけですから、そこにSNS、ゲーム、YouTube、ヤフーニュースなどいくらでもヒマをなくせるコンテンツがあるわけです。

そんな時代において私たちは、ダラダラとした長文や動画をあまり見たくはないものです。そこで必要なテクニックが「PREP法」です（図表19参照）。

PREP法

日本ではプレップ法と呼ばれていますが、これも頭文字を取った造語です。

・P：Point　最も伝えたいポイントを先に伝える
・R：Reson　主張したい内容の理由を伝える
・E：Example　具体的な事例を伝える
・P：Point　要点になるポイントを繰り返す

このような順番で文章を書いたり、動画を撮影して話すと、短時間で要点を伝えることができるようになります。

PASONAの法則とPREP法はマスターする

日本語は「感情の言葉」と言われており、結論を先に話す習慣がありません。ですが、英語では、結論を先に伝えてから理由を話す習慣があります。また、ビジネスシーンにおいても、結論を先に話して後から理由を述べるほうが、論理的思考と呼ばれるロジカルシンキングで物事を考えられる人物だと評価されます。

私が20代の頃、海外の人達とビジネスをしていたときにこの思考を覚えました。

ビジネスにおいて、お客様に正しい情報やメリットを伝えて、最短最速で購入してもらうにはPASONAの法則とPREP法はマスターするようにしておいてください。

11　ダイレクトレスポンスマーケティングは個人ビジネスには最高

自分の力だけで稼げるようになりたいなら

本書は、個人が在宅でビジネスができる方法について書いています。多額な資金が必要とか、スタッフを雇用しなければ再現できないといった方法は書いていません。たった1人で、オンラインビジネスによって月収30万円以上を安定して稼げる方法に特化して書いています。

しかし、あなたがこれからオンラインビジネスで稼いで、脱サラし、自分の力だけで稼げるようになりたいのであれば、ダイレクトレスポンスマーケティング（図表20参照）は、必ず習得してお

【図表20　ダイレクトレスポンスマーケティング（DRM）】

①　**集客　各種媒体からメルマガ（LINE）登録フォームへ誘導**
↓
②　**教育　メルマガ（LINE）でステップ配信で教育する**
↓
③　**販売　デジタルコンテンツを販売、アフィリエイトする**

ダイレクトレスポンスマーケティング（DRM）は、
上記の3ステップで構成されている。

いたほうがいい技術です。

個人が稼ぐ方法の中では最高峰

ダイレクトレスポンスマーケティングは、DRMと略称されており、個人が稼ぐ方法の中では最高峰の手法です。企業でもDRMは取り入れていますが、個人でも再現可能です。

DRMは、①集客、②教育、③販売の3ステップで構成されています。これをオンライン上で行うセールス手法です。もう少し分解して説明していきます。

オンライン上でSNSやブログ、広告などからアクセスを集め、そこに集まった人たちに向けて有益な情報を発信していきます。

その発信した情報に反応してくれた人へ向けて、さらに詳細な情報を直接配信していきます。

必要な情報は、商品やサービスを正しく理解してもらうための概要や、購入すると得られるメリット、そして販売者自身を知ってもらう情報です。見ず知らずの人から商品やサービスを買う人はあまりいません。また、価格が高くなればなるほど購入率は下がります。

最近だと、Twitter のフォロワーに対して Note に登録したデジタルコンテンツを販売している人がいますが、その価格帯のほとんどが1万円以下です。1万円以下のデジタルコンテンツであれば、面白そうだから買ってみようと思える金額ですが、1万円超になってくると気軽にポンと買える人は少なくなってきます。

まず LINE とメルマガに登録してもらう

Twitter で集めたフォロワーに対して、毎日、有益なツイートをして、DM などでコミュニケーションを取り、それから販売するのも DRM です。

ですが、これは Twitter のフォロワー全体に対してセールスオファーをしているので、興味がない人たちからすると鬱陶しいと思われてしまいます。

そうではなく、SNS やブログ、広告からアクセスを集めたら、LINE またはメルマガにまず登録してもらいます。

返信があった人たちだけに具体的なセールスをしていく

そこに集まった人たちに対してだけ有益な情報を配信していき、徐々に商品やサービスについての情報を配信していきます。配信していくうちに何らかのレスポンス（反応）が LINE やメールに返信があった人たちにだけセールスをしていくと、興味がある人だけに濃い情報を届けて、教育ができるので販売しやすくなります。これにより、5万円や10万円のデジタルコンテンツが売りやすくなります。

また、DRMは、デジタルコンテンツ販売だけでなく、ネット通販ビジネスやオンライン英会話スクールなどの様々な業種にも適用できるセールス手法であり、個人最高峰のマーケティング技術なのです。

12　プロダクトローンチフォーミュラを知っていますか？

10万円以上の商品を売るときは違うアプローチが必要

商品やサービスを販売するには、PASONAの法則を覚えてダイレクトレスポンスマーケティングを利用することで個人が在宅で稼げる方法だとお伝えしてきました。これは、デジタルコンテンツだけでなく、様々な業種でも通用しています。

しかし、1万円から10万円くらいまでのデジタルコンテンツであれば文章をPASONAで書いて、ダイレクトレスポンスマーケティングを用いれば売れますが、10万円超の価格帯となると違うアプローチからセールスをしないといけません。

ビジネススクールや英会話スクール、プログラマーやデザイナー養成スクールに動画編集講座などは、期間が3か月から半年、1年という長期で学習していく内容が多いです。デジタルコンテンツは、あくまでも教材なので読切りですが、スクールになるとサポートやセミナーなどが入ってくるので長期的に開催されています。

また、コンサルティングサービスも1対1で行うので、教える側の時間を確保する必要が出てくるために、金額も50万円から100万円、中には500万円を超えるプランも存在しています。

こういった価格帯の商品やサービスをオンラインで販売するには、文章よりも動画を使ったほうが効果的です。さらに、セールスするまでの期間もある程度確保して、見込客を教育していく必要があります。

1兆円以上の売上を出す手法

そこで使われる手法が「プロダクトローンチフォーミュラ」です（図表21参照）。プロダクトローンチフォーミュラは、心理学と集客システムを融合した手法で、世界各国のビジネスマーケッターが利用しており、確認されているだけでも1兆円以上の売上を出しています。

どのような方法かというと、見込客を短期間で一気に集客して、集まった見込客に対して商品やサービスに対しての価値提供を行い、一気に爆発的な売上を上げる手法です。この手法を使えば、1,000万円～10億円以上の売上がつくれます。

実際に、私がプロダクトローンチフォーミュラを教えた会社員の方は、3か月目に1,200万

【図表21　プロダクトローンチフォーミュラ】

第1話目の動画（自己紹介と興味づけ）

＊この間に第1話の復習と、第2話の予告をメールやLINEで配信する
＊見込客に対して感想や質問などを送ってもらう

第2話目の動画（ノウハウの概要を公開）

＊この間に第2話の復習と、第3話の予告をメールやLINEで配信する
＊見込客に対して感想や質問などを送ってもらう

第3話目の動画（実践者と証拠提示）

＊この間に第3話の復習と、第4話の予告をメールやLINEで配信する
＊見込客に対して感想や質問などを送ってもらう

第4話目の動画（期間限定のセールス）

セールスページ公開

円の売上を出すことに成功しています。
少し掘り下げて解説していきます。

自己紹介と興味づけ

プロダクトローンチフォーミュラを行うには動画を使います。集まった見込客に対して、まず1本目の動画を見てもらいます。ここでの動画は、「自己紹介と興味づけ」です。自分（または商品・サービス）がどのようなモノで、これから見込客であるあなたに対して、見る価値がある動画を配信していきますといった内容の動画をLINEやメルマガで配信します。

そして、配信する動画を引続きご覧になられたい人は返信をくださいと伝えます。ここで興味のある人は、あなたに反

応してくれるようになり、お互いの関係性が1ステップ近づきます。

ノウハウの概要を公開

翌日に送る2本目の動画は、「ノウハウの概要を公開」したものです。ここでは、あなたが販売する商品やサービスの具体的な概要について説明します。その際、できるだけシンプルにわかりやすく伝えていくことを心がけてください。

よく使われるものとしては、「3ステップ＝ステップ1で●●をする。ステップ2で●●をする。ステップ3で●●をする」です。

このようにわかりやすく伝えることが大切です。本当はもう少し詳細な説明が必要だと思っても、商品やサービスのことを誰よりも1番理解しているあなたがそれをすると、見込客はついてこられなくなってしまいます。

ここでも、見込客に対して、「今回のノウハウ動画に関して質問があれば連絡をください」と伝えます。そして、いただいた質問に対して回答することでもう1段階お互いの関係性が高まります。

実践した検証結果や証拠を提示する

次に送る3本目の動画は、「実践した検証結果や証拠を提示する」ものです。

ノウハウを理解したら、次は本当にやると結果が出るのかを知りたくなるものです。そこで、実践した人がいるのであれば、その人たちがどのようにして結果を出せるようになったのかを伝えていきます。ここまで来たら、あなたの商品やサービスが必要だと思った人は購入していきます。ここでも再度、返信を促していきます。

「あなたがこれを実践して再現できたら、どのような未来が待っていると思いますか？」と、すでに実践して成功した後の未来予想図をイメージしてもらいます。これにより、見込客は自分も再現できるとさらに自分に自信を持つことができ、前へ進もうと思えるようになります。

商品やサービスの内容を伝える

そして、翌日に送る4本目の動画が最後です。自己紹介もしました。ノウハウも公開しました。実践した結果と証拠も提示しました。あとは商品やサービスの内容を伝えていきます。

スクール期間はどのくらいなのか？　どのような学び方ができるのか？　金額はいくらなのか？こういった購入直前の人しか興味がない動画を送ってもいいのが最後の動画です。

人間の習性を理解しておく

ここで人間の習性を理解しておく必要があります。それは、期限を設けるということです。いつまでも購入できるとなると、いつでもいいと思うのが人間です。ですので、すぐに行動してもらうための特別オファーも用意します。特別オファーとは、今しか貰えないプレゼントなどです。

わかりやすいケースだと、値引きなどがこれに当たります。他には先行者限定WEBセミナーや開催期間を1か月無料延長などです。

プロダクトローンチフォーミュラとは、文章を書く際に紹介したPASONAの法則を分割し、期間を設けて販売する手法です。

このプロダクトローンチフォーミュラは、あまりにも絶大な効果が出せるため、利用する人のモラルが問われる手法です。

※大森淳弘の公式LINEでは、本書には書ききれなかった「0からデジタルコンテンツ販売ができる具体的な手法」などについて配信します。

LINEで、@068gjtufを「ID検索」するか、QRコードで友だち追加

@068gjtuf

大森淳弘コラム：モノ消費からコト・トキ消費に変化しても稼げる商売のキモとは

日本においての経済社会は、第二次世界大戦後から本格的に再建されていきました。

今日まで、日本には大きく6回の好景気があり、

・1950年の朝鮮特需景気
・1962年の東京オリンピック景気
・1971年の日本列島改造論景気
・1986年のバブル景気
・1999年のITバブル景気

そして2012年~2019年1月までのアベノミクス景気です。

アベノミクス景気は終わり、日本はまた不景気に突入しています。

幾度もの好景気を繰り返し、日本では衣食住に困る人は少なくなり、生活保護システムによって餓死する人は日本の構造上、起こり得ません。

こうなってくると、モノやサービスを販売するモノ消費では差別化ができなくなってきます。モノやサービスを購入しないと得ることができない体験や経験をする「コト消費」や、リアルでもオンラインでも同じ時間を共有する「トキ消費」に需要が出てきています。

そんな「モノやサービス」「体験や経験」「時間の共有」といった消費者のニーズが変化しても稼ぎ続けるために必要なのが、顧客管理と見込客集めです。

江戸時代は、火事が頻繁に起きており、大阪商人たちは水に濡れても文字が濁らない石州和紙を使い顧客管理をしていました。そして火事が起きたときには、顧客名簿を井戸に投げ込んで、家が焼失しても顧客名簿があれば何度でも商売ができるということを知っていました。

本書のオンラインビジネスでも、顧客名簿は非常に重要であり、今の時代だとメールアドレス、LINE、電話番号などが顧客名簿になります。

顧客名簿と文章を書くコピーライティング能力に集客できるマーケティング力があれば、たとえ会社や自宅が崩壊しても、すぐにビジネスが再開できるようになれます。

自分のお客さんを管理し、大切にするという考えは商売をする上で必須なのです。

お客さんとの信頼関係を強固なものにするには、接触回数を増やしていくことが重要です。1度会うよりも、2度、3度と回数が増えれば増えるほど親近感が増していきます。

また、一方通行のメールや動画よりSNSなどの相互コミュニケーションを取るほうが心理的距離感は縮まります。メールより電話、電話より対面のほうが信頼関係は強まっていくのです。

こうして繰返し接していくことで、相手に好意を持つ現象をザイアンス効果と呼びます。これは、ビジネスシーンだけでなく、プライベートな関係でも同じことが言えます。

第4章　堅実にお金にお金を生ませる

〈完全在宅投資法〉

1　ハイリスク・ハイリターン投資で破産する人の特徴

お金にお金を生ませる

本章では、投資について教えていこうと思います。

ここでの投資とは、お金にお金を生ませることを指し、自己投資や事業投資といった自分への成長やビジネスモデルへの投資は書きません。稼いでいく上においてノウハウや情報に投資する成長のための自己投資は必須です。また、これから成長していきそうな会社や人材に投資することでも大きなリターンが得られます。

ですが、これらは別の投資だと考えてください。自己投資は当たり前のことですし、事業や人材に投資するのは経験とコミュニケーション能力、それと情報収集が必要となり、レベルがグンと上がり、初心者には再現が困難です。

お金にお金を生ませる投資方法とは

お金にお金を生ませる投資には、株式投資、為替取引（FX）、仮想通貨投資、バイナリーオプション、ブックメーカー（スポーツベッティング）、不動産投資などがあります。

どの投資にもメリットもデメリットもありますが、基本的には投資は資金がある人がやるべきだと思っています。

例えば、資金が10万円の人と１００万円の人とでは、元本割れするリスクは資金が少ない10万円の人のほうが高くなります。また、資金１００万円の人が１００万円を投資するのと、資金１０００万円ある人が１００万円を投資するのでは持ちこたえられる精神力に違いが出てきます。

入るタイミングと出るタイミングがすべて

投資は、努力や頑張りはビジネスほど必要としません。努力は必要なのですが、頑張り方がビジネスと異なるのです。

投資は、入るタイミングと出るタイミングがすべてです。「安く買って、高く売る」のはビジネスでも同じですが、安く買って高く売るところだけが自分が頑張るところで、後は市場に任せて放置するだけです。

私の友人にバイナリーオプションで毎月２００万円の利益を稼いでいる33歳の投資家がいますが、彼は感情にほとんどブレがありません。マシーンのように感情を出さずに、ひたすらパソコンの前でカチカチと夜中の12時から朝5時くらいまでエントリーしています。

年利５％といったローリスク・ローリターンであれば、どのような人でもお金を増やすことはできるでしょう。ですが、私が投資した仮想通貨投資のように、３００万円を3か月くらいで1,９００万円にするようなハイリスク・ハイリターンを目指すのであれば、「入るタイミングと出るタイミング」それと「情報」がすべてだと思ってください。

ハイリスク・ハイリターン投資で破産する人を私は今までに何人も見てきましたが、全員に共通することがあるとすれば、売り時を失敗してるということでした。

2　お金にお金を生ませるとは多くを求め過ぎないこと

欲を出してはいけない

年利5％前後の堅実にお金が増えるけれど時間がかかる資金が潤沢にある人向けの投資ではなく、資金が50万円～500万円までで多少リスクはあるけれどリターンが大きい投資を今から書いていきますが、その前に大切なことを書いておこうと思います。それはお金にお金を生ませる投資は、欲を出して最大限まで利益を得ようとしないということです。

わずか1か月半で元本がなくなりました

30万円でFXの自動売買システムを運用していた友人がいます。彼は、2019年9月末くらいから運用を開始しました。入るタイミングがよかったので、ドル円相場で1日に何度も利益を取ることができた日が続きました。そして、2020年の1月末には30万円の元本が50万円まで増えていました。

私は、そこで元本である30万円を出金して儲けである20万円で運用することをすすめていたのですが、彼は聞く耳を持たずに、さらに30万円を追加して運用を開始しました。

そして、２０２０年3月頃、ドル円相場は暴落していきました。コロナショックです。これにより私の友人は、利益どころか最初の元本もなくなり、追加で入れた資金はたった1か月半くらいでなくなってしまったのです。

別の例では、２０１７年の年末くらいから仮想通貨に投資する人たちが増えていきました。テレビでも芸能人を起用したCMが放映され、ネットニュースでも過去最高の価格が更新されたのを知った人たちが、1億円を稼いだ「億り人」を夢見て仮想通貨を買い始めていきました。

「お金を増やして勝ちたいのか？」「最大限のリターンを得たいのか？」

私は、この時点で自分が保有していた仮想通貨を２０１８年1月初旬にすべて利確しました。理由は、投資をしたことがなく仮想通貨が持つ将来性や利便性をわかっていない人たちが参入してきたのを見て、そろそろ暴落するかも？　と思ったからです。

これは、「たられば」の話なので、当時の私はもったいないと思っていました。このまま値段が上昇していけばもっと大きく稼げると思いました。

ですが、そのときに私が考えたことは、「お金を増やして勝ちたいのか？」、それとも「最大限のリターンを得たいのか？」でした。結局、私が出した答えは、前者の「お金を増やして勝ちたい」

でした。

１００万円が５００万円になったので、４００万円が儲かったわけです。これで充分じゃないかと。もしかしたら、１００万円が１，０００万円や1億円になる可能性もあるけれど、１００万円が２００万円になったり、さらには１００万円以下になる可能性だってある。であれば、５倍に増えただけでも勝者だと思おうと決めたのです。

お金にお金を生ませるとは多くを求め過ぎないこと

当時、私の周りには、50万円が５，０００万円になったり、１，０００万円が10億円になった人がいたので、正直感情が揺れまくりました。

ここで利確するのは臆病者だとも思ってました。

ですが、それから1か月も経たない２０１８年1月26日に仮想通貨取引所「コインチェック」で５８０億円の仮想通貨「NEM」が盗まれてしまい、その後、仮想通貨相場は瞬く間に暴落していきました。

かなりの人たちが元本割れして損をしていたと思います。私は、間一髪のところで逃げ切れたわけですが、これは私が欲を出し過ぎずにいたからだと今になって思っています。

これからいろんな投資チャンスが出てきますが、「お金にお金を生ませるとは多くを求め過ぎないこと」――これは覚えておいてください。

3 仮想通貨投資で一獲千金を実現し、暴落して無一文に

ビットコインとイーサリアムで3億円以上の利益

２０１７年12月に最高値を更新した仮想通貨市場でしたが、私の元に仮想通貨の情報が入ってきていたのは、２０１４年の12月頃でした。その頃、ビットコインやイーサリアム、リップルという今ではメジャーな仮想通貨は、当時どう考えても怪しい投資案件にしか感じられませんでした。ですから、当然ながら私は無視しました。

それから2年後の２０１６年の7月に、私はヨーロッパのギリシャにいました。起業家や投資家仲間たち約１００人とビジネスセミナーに参加していたのです。

そこにいた投資家が、ビットコインとイーサリアムで3億円以上の利益を出していたのを聞きました。また、１人ではなく、数名もそのような人たちがいたのです。

早速、私は、ギリシャから仮想通貨取引所へ２００万円を送金してビットコインとイーサリアムを購入しました。

その後、２００万円が５００万円ほどに増えたので、さらに追加で１００万円分のリップルを買いました。それからいろいろと情報を集めたり、法定通貨に群がる利害関係や関わる企業の関係性を考慮してリップル１択にすることにしました。

1，000万円が40億円に！

その頃（2017年）になると、カルダノエイダ（ADA）コインという仮想通貨が20を超える世界にある仮想通貨取引所にICO（上場）しました。一時期は、400倍を超えるまで価格が高騰し、私の周りの友人たちで50万円分だけカルダノエイダを購入していた人が2億円になったり、1，000万円分を買っていた人が40億円になったりと、超バブルな状態になっていました。

「億り人」から「戻り人」へ

私は、日本の仮想通貨取引所に上場していない仮想通貨は怪しいという固定概念を持っていたため、カルダノエイダは買っていませんでした。続々と何もせずに「億り人」と言われる億万長者になった友人たちを見て悔しい思いをしましたが、その後に暴落してしまい、多くの人たちは結局、儲かることなく「戻り人」という買った値段に戻ってしまいました。

中には賢い人もいて、50万円が5，000万円ほどになったときにビットコインに戻して日本円に戻したり、10億円の内3億円をビットコインとイーサリアムに戻してから日本円にしっかりと利確した人もいました。

利益確定をせず無一文に

ですが、このような人たちは少数だったと思います。ほとんどの人たちは、まだ上がるとか、利確するのが面倒くさいと言って放置している人が多かったです。

結局、多くの億万長者を生み出した第1次仮想通貨バブルでは、一獲千金を手にする人たちは利益確定をせずに、第2のカルダノエイダコインを探して増えたお金を再投資していき、そのほとんどが暴落したり上場せずに終わり、無一文になった人もいました。

まさにバブルといえる夢みたいな時代が２０１７年12月まで続いた仮想通貨第1次の高騰期だったのです。

4　システムやツールではなく裁量取引も知ろう

自動売買にはデメリットもある

初心者や未経験者が投資でお金を増やそうとすると、自分でするのではなく、プロに運用をお願いするとか、システムで運用しようと考える人もいるかと思います。

しかし、プロのトレーダーや専門家など第三者に運用を任せた時点で、自分の利益は取られると考えてください。

また、運用を依頼する人も感情を持った人間なので、１００％想像どおりの運用はできません。

さらに、システムやツールといった自動売買については、メリットもあればデメリットもあります。

相場を分析する方法は2種類

相場分析は、ファンダメンタルズ分析とテクニカル分析に別れます。

わかりやすく違いを説明すると、ファンダメンタルズ分析は、経済状況や将来予想される事象を考えながら投資をすることです。

一方、テクニカル分析は、過去の値動きや取引データを元に今後の相場を考えて投資することです。

つまり、ファンダメンタルズ分析は未来を予測して投資するのに対し、テクニカル分析は過去のデータを元にして投資することを指します。

そして、世の中にある自動売買システムやツールというのは、すべてテクニカル分析を導入しています。

未来を予測するというファンダメンタルズ分析は、システムやツール化することは難しく、過去のデータを元に未来も同じような動きをするというテクニカル分析だとシステム化しやすいのです。ですから、過去のデータどおりに相場が上げ下げしてくれるときには自動売買システムやツールは非常に楽です。

自分は何もせずとも、システムやツールが自動で売り買いをしてくれるので、たまに自分の口座を確認して、「きょうはどれくらいお金が増えたかな?」といった感じで不労所得のような増やし方ができます。これがメリットです。

デメリットとしては、相場が過去のデータにはない動きをしたときに損をしてしまうということです。あくまでもシステムやデータは、過去の相場から構築された膨大なデータから売買をしているので、過去の経験からは予想できない事象が起きてしまうと損をしてしまいます。

世界が平和でない限りシステムやツールは放置しないこと

為替取引のFXであれば、アメリカ大統領選挙で民主党が勝つのか、それとも共和党が勝つのかでも相場は動きますし、イギリスの経済指標が発表されるときや日銀総裁といった金融業界の要人の発言によっても相場はこれまでと異なった動きをします。

これらは、過去のデータだけでは解析できません。ですから、自動売買システムやツールでお金を増やしていくには、自分でシステムやツールを停止できるようになっておきましょう。

何も考えずにシステムやツールを回しておいてお金が増えるなんてことは、よほど世界が平和で何も起こらない限りあり得ません。

いったいいつ？　どのタイミングで？　停止するのかは、自分自身がある程度投資している業界の動きを知っておく必要があります。そのためにも裁量取引も覚えておく必要があります。

裁量取引を覚えよう

裁量取引とは、自分の考えで判断して取引することを指します。感情を持った人間が取引をするので、時には論理的ではない取引や売買をしてしまうこともありますが、それでも市場や相場は人間の感情の集合体なわけです。

それをシステムやツールだけに任せてしまっては、過去のデータにない人間の感情で市場や相場が動いたときに対応できません。

プロのトレーダーのレベルまで詳しく理解して実践とまでは言いませんが、ある程度の知識と理解をしておくことにより、損しそうな状況下では自分自身で危機回避できるようになれます。

5　最終的に筆者が推奨する投資とやり方

資金5，000万円以上からローリスク・ローリターン投資ができる

投資には、ハイリスク・ハイリターンもあれば、ローリスク・ローリターンもあります。もし、あなたの目的が「お金を増やすこと」とした場合、取るべきなのはローリスク・ローリターンです。ローリスク・ローリターンは、堅実にお金を増やすことができますが、1つデメリットがあります。それは「時間がかかる」ということです。

投資資金が5，000万円とか1億円以上使えるのであれば、年利5％ほどのローリスク・ローリターンの投資案件でも年間250～500万円の収入が手に入ります。質素な生活をしたり、自分でビジネスをしてる人であれば、これだけでご飯は食べていけるでしょう。

資金50万円以上はローリスク・ミドルリターンを選ぶ

ですが、世の中のほとんどの人は、投資に使える資金に５，０００万円や1億円以上は持っていないと思います。恐らく、50万円～５００万円くらいが使える投資金額かと思います。そうであれば、ローリスク・ローリターンではなく、ローリスク・ミドルリターンの投資を行うべきです。

様々な投資がある中で、私が本書を読んでいる方へおすすめできる投資は現在次の２つがあります。

①　戸建て投資

1つ目が「戸建て投資」です。新型コロナウイルス感染症がきっかけになり、東京などの都心部に住んでいた人たちが地方へ移住している中で、地方の戸建てに引っ越しをする人が増えています。さらに、リモートワークで仕事が完結できる術を知った会社員も増えてきており、もはや都会で高い家賃を払って生活するメリットが少なくなってきている職種の人も増えています。

戸建て不動産は、1棟物のマンションやアパートよりもはるかに安価で購入することができます。価格帯で言うと、マンションやアパートが2，０００万円から買えるとすると、戸建ては数十万円～1，０００万円以下で買えてしまいます。しかも、土地付でです。

ところで、私が提唱している戸建て投資は、新築ではなく中古です。世の中にある商品やサービスは、新品で買うよりも中古で買うほうがよいです。わかりやすい例で言うと、新車のクルマをメーカーから３００万円で買って1か月後に乗らずに売却しても１８０万円～２４０万円に落ちています。

つまり、購入価格よりも20%~40%くらい、何もしてないにもかかわらず、登録された時点で「中古車（新古車）」扱いになってしまうわけです。これは、よく考えればおかしな話です。新品未使用のままなのに、メーカーから他者に譲渡された時点で、価格が平均30%ダウンしているわけです。とくに高額な商品になるほどこの価格差は大きくなり、高級腕時計やハイブランドの商品なども同様です。

中古の戸建てを安く購入し、必要であればリノベーションをして貸し出し、インカムゲインを得るのもいいですし、購入後にリノベーションして付加価値をつけてキャピタルゲインを得ることも可能です。

中古の戸建て不動産投資は、利回り1棟物の不動産投資よりも高く、20%以上が出る物件も普通にあります。シミュレーションすると、300万円で購入した中古の戸建て不動産を家賃5万円で貸すと年間60万円になります。これは年間利回りが20%になります（厳密には修繕費や管理費、固定資産税があったり、現金一括ではなくローンで買うと利回りは変動しますが、中には利回り30%を超す物件もあります）。

② レンタルスペース投資

2つ目が「レンタルスペース投資」です。レンタルスペース投資とは、乗り物やモノなどを共有する「シェアリングエコノミー市場」の拡大の中で生まれたビジネスです。このシェアリングエコノミー市場の中にある「空間シェアサービス」の1つがレンタルスペースです。

さらに、こちらも新型コロナウイルス感染症がきっかけで、リモートワークやオンラインセミナーを受けたり、動画配信をする人たちが増えたのですが、自宅だと集中できない環境下に置かれてる人も多いという事情がありました。

そこで、賃貸物件やオフィスビルを借りて、ユーザーに「時間単位」でレンタルをして利益を得るという投資法が生まれました。

これは、利回りも非常に高く、例えば、家賃7・5万円の部屋を時間貸しして月商25万円を売り上げたり（利回り１５０％）、家賃６万円の部屋で月商20万円とかになったりしています（利回り１００％）。

私のメルマガ読者さんが実際にレンタルスペース投資をしており、利回り１００％～１５０％の物件を８部屋ほど運用しています。

現金一括で先行投資

中古戸建て投資も、レンタルスペース投資も、比較的、安い投資額からスタートが可能なので、失敗しても立て直しができますし、上手くいけば数を増やしていけばリスクヘッジにもなり、分散投資が可能となります。

こういった投資案件は、ローンを組まずに現金一括でやるほうがリターンも大きいですし、ローンを組むメリットも享受できません。数十万円～５００万円くらいからできるので、可能な人は現金一括で先行投資をすることをおすすめします。

６　米国のインデックスファンドに投資せよ

着実にお金を増やしていきたい投資初心者におすすめ

投資するときにリスクを取るのが怖い。できるだけ、確実にお金を増やし続けたいと思う人は多いと思います。投資だけではなく、仕事においても、人生においても、１００％確実な事象は世の中には存在していません。

世の中は常に流動性であり諸行無常で、どのような万物でも常に変化をしていて、留まる物は存在していません。リストラになることもあれば、会社が倒産することもあります。交通事故に遭うこともあれば、癌になることもあるわけです。

そういったリスクを受け入れながら、私たちは生活できているわけですが、投資やビジネスとなると１００％損をしたくないと考える人は多いです。まず、この思考があるということを理解しておいてください。

そこで、損する可能性をできる限り減らして、着実にお金を増やしていきたい投資初心者や未経験者に私がおすすめできるのは、米国株式の投資信託です。

初心者や未経験者へのおすすめは米国株の投資信託

米国株の投資信託とは、米国株式市場であるニューヨーク証券取引所やNASDAQに上場している主要産業を代表する５００銘柄の企業、または連動するように運用されている企業に対しての投資のことです。

インデックスファンドとは、株価指数に連動した投資信託ですので、1銘柄に投資するのではなく、米国株式市場に上場している主要産業全体に対して投資していくことになります。

つまり、米国経済全体を分散して購入し、配当金や売却益を得ていく、これが私がこれまで経験してきた投資の中でリスクが少ない投資です。

毎日、売買を繰り返すデイトレードは、リターンも大きく即金を稼ぎやすいのですが、その分、リスクもあり、しかもパソコンに貼り付きになってしまいます。

ローリスク・ローリターンでお金を増やしたい人に向いている

一方、投資信託であるS&P500インデックスファンドだとやることがありません。お金を入れてほったらかしでいられるのです。つまり、投資初心者でもプロでも同じように買うことができるのでほぼ平等です。

時間もかかりません。すでに商品として売られている投資信託を買うだけなので、個別銘柄を調べたり、チャートを分析する必要がほとんどないのです。まさに、ローリスク・ローリターンで堅実にお金を増やしたい人へ向けた投資といえます。

ですが、米国インデックスファンドにもデメリットはあります。それは、デイトレードのような短期的なリターンは得られないことです。長期的に資産を構築していける人向けです。

皆さんが気になる利回りに関しては、FXや不動産投資のように月利10％とか年利120％といった短期的にお金は大きく増えてはいきません。米国インデックスファンドは、年間利回り7％くらいと見ておいてください。100万円が1年後に107万円になっているような増え方です。

90年間ずっと株価が伸び続けている事実

なぜ私が米国のインデックスファンドがおすすめできるのかと言うと、米国の主要産業に対して投資をするということは、資本主義経済に対しての投資だからです。資本主義経済の代表であり、世界のリーダー国である米国の株価はずっと右肩上がりです。

第二次世界大戦への引き金となった1929年のウォール街大暴落や1987年のブラックマンデー、2008年のリーマンショックが起きたとしてもずっと成長を続けてきており、1929年から2019年までの90年間ずっと株価は伸び続けている事実があります。米国の主要産業である全銘柄が暴落するということは、資本主義経済の終焉であると考えていいでしょう。

世界三大投資家であるジム・ロジャーズは、「19世紀はイギリスの時代、20世紀はアメリカの時代、21世紀は中国の時代」と自身の書籍でも書いており、「1807年にロンドンに移住するのは素晴らしいことだった。１９０７年にニューヨークに移住するのは素晴らしいことだった。そして２００７年にはアジアに移住することが次の素晴らしい戦略となる」と発言し、実際にジム・ロジャーズは２００７年にシンガポールへ家族と共に移住しています。

さらに、娘たちの将来のことを考えて、華僑圏で中国語を学ばせています。この意見には、私も賛同している部分もあります。実際に中国の深圳や北京、上海に行ってみると、日本よりも経済成長しているのがわかります。

ですが、現実は、資本主義経済社会の王者は米国であり、今の時代は米国1国だけで経済活動は完結しておらず、世界中の国々の企業や人々の生活に影響を与える存在となっています。このような理由から米国インデックスファンドへの長期投資は堅実的であり、高利率の貯金をしていく感覚ですることができます。

米国インデックスファンドから私が選ぶ商品を１つだけ紹介

いくつかある米国インデックスファンドで、私が選ぶ商品を1つだけ紹介しておきます。それは、「SBI・バンガード・S&P500 インデックスファンド」です

これは、SBI 証券と世界初の個人向けインデックスファンドを発売した米国のバンガード社が共同で提供している投資信託商品です。１００円から投資ができるので、毎月固定で積立投資をしていくといいでしょう。

・「SBI・バンガード・S&P500インデックスファンド」
https://www.sbisec.co.jp/ETGate/WPLETmgR001Control?OutSide=on&getFlg=on&burl=search_fund&cat1=fund&cat2=none&dir=info&file=comment/fund_comment_190905_01.html?

7 買い時よりも売り時に集中すべき理由

売り時がポイント

投資を教える本やデジタルコンテンツ、オンラインスクールなどでは、「買う」タイミングを教えてくれる情報提供者は沢山いますが、「売る」タイミングを教えてくれる人はほとんどいません。

私がこれまでに経験してきた投資の中で失敗してきたのは、買い時ではありませんでした。売り時を逃してしまい投資額が溶けてしまうことのほうが多かったです。

なぜ買い時は教えてくれるのに売り時を教えてくれないかと言うと、人により入るタイミングが異なるからです。

例えば、ビットコインは、2020年3月には1ビット50万円前半まで大暴落していました。そして、2021年1月には1ビット350万円にまで暴騰しています。最高益を取ろうと思うと2020年3月に入るべきなのですが、当時は新型コロナウイルス感染症が世界中に広まっており、世界経済は急速に緊急停止状態に陥っていました。

落ちてくるナイフは掴むな

投資の格言に「落ちてくるナイフは掴むな」という言葉があります。これは、急落時の投資は落ちてくるナイフを掴むようなもので、どれだけ有望視されている投資対象物だったとしてもナイフが床に落ちてから、つまり、反発したのを確認してから投資すべきという意味です。

仮想通貨取引所をやっている友人やICO（上場前）の時点からプロジェクトに参加している専門家クラスでさえも見誤ることもある状況下で、初心者がどこが底値なのかはわからないと思います。

ですから、入るタイミング（買い時）は、上がりのエスカレーターに乗ったことを確認してから入るべきです。これは勉強していけばわかるようになります。

売るタイミングは先に決める

ですが、この上がりのエスカレーターを降りるタイミングは、本人の欲により変わります。欲が強い人は「もっともっと！　まだまだ！」と思うでしょうし、堅実な人は2倍になったら利益確定する人もいます。このような投資する本人の欲の強さにより売り時は変わっていくのです。

一時期は含み益を出して儲かっていたのに、最終的には投資資金がすべて溶けたという投資家は多いです。買うタイミングは本やデジタルコンテンツ、オンラインスクールで教えてもらうことはできますが、売るタイミングは感情がコントロールできて、自分自身の中でいくらになったら売却するという線引きを予め決めておくことがとても大切です。

8　筆者が3００万円を1，9００万円にして、その後1か月半で13０万円を失った投資

投資の成功例と失敗例

最後に、私がこれまで投資をしてきた成功例と失敗例をお伝えしようと思います。

２０１０年に起業をしてから、投資での大チャンスは仮想通貨投資でした。２０１７年にリップル（XRP）という仮想通貨に３００万円ほど投資をして、２０１８年1月に1，９００万円で利確をしました。元金と仮想通貨取引所への手数料などを差し引いても1，５００万円以上は利益を出せました。

第一次仮想通貨ブーム

リップルが30円代前半のときに入ったのが２０１７年の夏くらいです。それから半年後くらいには一時期４００円弱まで高騰しました。元々リップルの存在は知っていて、私のメルマガ広告への出稿依頼にもリップル投資の案件を出していたくらいです。当時は２０１６年でしたので、リップルどころか仮想通貨自体が怪しい投機と思っていました。

ですが、当時から私の周りの友人たちは、リップルやビットコイン、イーサリアムを1，０００万円単位で購入していました。確か、リップルが数円、ビットコインも6万円、イーサリアムが1万

円弱だったと記憶しています（このあたりは曖昧な記憶です）。とにかく、今から考えるとかなり安かったのです。

２０１７年に入ると本格的な仮想通貨ブームが訪れて、投資家だけでなく起業家や経営者までもが仮想通貨に投資をし始めていきました。これに乗じて私も仮想通貨の波に乗ることができたとい

【図表22　筆者が利益確定した時期の仮想通貨のチャート総資産額「約1,850万円」】

うわけです。

仮想通貨ウォレットがいきなり出金停止

リップルで儲けた後の1年半後の2019年6月に、私は東京・六本木にいました。友人経営者のパーティーがあり参加していたのですが、そこで久しぶりの20代の起業家と再会しました。

彼は、まだ駆出しの起業家で、これから頑張らなければならない時期にもかかわらず、お金を持っている感じの身なりでした。高級ブランド品に身を固め、シャンパンを何本も友人にプレゼントしていたのです。不思議に思い彼に尋ねたところ、仮想通貨ウォレットで毎月10％の利益が出ている案件に投資をして成功しているというのです。

「大森さんもやりましょうよ！　僕が最初の最低資金5万円を出しますので、運用してみてよかったら追加すればいいですから」と言われたので、1か月待ってみたところ、本当に月利10％で増えました。それから私は、仮想通貨取引所に置いていた約130万円分のリップルをこの仮想通貨ウォレット案件に入れました。

そうしたら、わずか半月後にこの仮想通貨ウォレットから出金が停止になり、4，000億円分の投資家からの資金が出せなくなってしまいました。最初から詐欺案件じゃなかったの？　と思う人もいるかもしれませんが、こういった案件で詐欺なのは誰も稼げた人がいない場合です。

この案件では、私の友人たちは5，000万円～5億円くらい稼いでる人も確認してからの投資でした。

早期参入・早期撤退でやる

まさに、ハイリスク・ハイリターンな案件でしたが、この失敗が私の中で参入するタイミングと利確するタイミングがどれだけ重要か身をもって知らされる1件だったのです。ハイリスク・ハイリターン投資は、早期参入・早期撤退が鉄板ルールです。

※大森淳弘の公式LINEでは、本書には書ききれなかった「堅実な投資法と自動でお金が増えて行くやり方」などについて配信します。

LINEで、@068gjtufを「ID検索」するか、QRコードで友だち追加

@068gjtuf

大森淳弘コラム：どの投資に取り組むかは人によりバラバラでいい理由

為替取引（FX）やシンプルに結果が出るバイナリーオプション、ボラリティの値幅が大きいエキサイティングな仮想通貨投資、現物として扱える不動産投資に企業の成長性を買う株式投資と様々な投資手法があります。

私自身が経験してきたことと友人の投資家たちを見てると、どの投資をするかは人によりバラバラでいいという結論です。

というのも、人によってリスクが取れる範囲が異なるのと資金量の違い、そして、これまでの価値観や経験によって受け入れられる投資が違うからです。

例えば、仮想通貨は、今後の資産や法定通貨の概念を変える可能性がある投資なのですが、人によっては怪しい投機だと思う人もいます。逆に、仮想通貨投資で数億円～数十億円をゲットした人達からすれば、多額の借金をして不動産を買うことに抵抗がある人もいるのです。

詐欺の投資案件でなければ、どの投資手法でも結果を出している人は存在しているのが事実なので、最終的には合う・合わないで決めるのが正解だと思っています。

共通することがあるとすれば、取り組む投資に関して無知ではダメだということです。ビジネスも投資も、ある程度、知識と経験ができるまでは努力が必要です。

第5章　景気が悪くても頭脳さえあれば〈いつでも稼げる思考法〉

1　感情をコントロールできないと自分の人生ではなくなる

稼げる人と稼げない人

どれだけ稼ぎ方の情報ややり方がわかっていても、稼げるようにならない人がいます。自分の考え方を変えない限り、どれだけ再現性がある方法だったとしても、結果を出すことはできないものです。

それでは、なぜ稼げる人と稼げない人が存在しているのでしょうか？　その答えは、「思考法」に帰結します。

感情のコントロールで人生が変わる

まず、1つ目の思考法としてお伝えするのが、「感情のコントロール」です。私たちは、感情を持った人間ですので、毎日同じ感情ではありません。体調がよいときもあれば、悪いときもあります。ヤル気が出るときもあれば、ヤル気がまったく出ないときもあるわけです。

こうした感情の上下をなくしていき、常に体調がよい状態にして、ヤル気に満ち溢れた状態にしておくことが、よい結果を出すには大切です。

感情のコントロールができるようになるためには、集中できる環境をつくることが必要です。例えば、海外旅行に行ってテンションが上がり、そのまま仕事をしてしまうと、細かなミスに気がつきません。また、前日に飲み過ぎてしまい二日酔いで仕事をしても、いつまでも怠いままなので継続して仕事ができないわけです。

普段の私は、仕事をしている時間は1日に1～2時間くらいなのですが、仕事モードに入るまでに1時間以上かかるときがあります。毎日、集中して仕事をしている日が続いているとこれは不要ですが、サーフィンでハワイやバリにいて、テンションが上がり過ぎているときには、仕事モードに入るまでに時間がかかるのです。

どんな場所でも、どのようなイベントが前後にあっても、感情のコントロールができるようになると、いつでも一定のパフォーマンスが出せるようになります。

多くの人は自分の人生のハンドルを握っていない

世の中の多くの人は、誰かの感情に影響されて人生を生きてしまうことを選んでいます。上司や同僚の感情や、家族や友人から伝わる情報に非常に大きな影響を受けてしまっているのです

そういった周りの人たちから影響を受ける人生を送ってしまうのは、人生のハンドルを自分で握っていないのと同じことなのです。それは、自分の人生を生きているのではなく、あなたの人生に対して何の責任もない他人が支配する人生を生きているということです。

頑固になったり、自己中心的になるということではなく、自分の人生のハンドルを自分で握って運転するには、感情のコントロールがとても重要なのです。

2　アンチからの誹謗中傷に対しての向き合い方

自らの命を絶ってしまうほど深刻化している

オンラインでのビジネスや投資の情報発信だけに限らず、ネットで自分の意見を発信すると必ずぶつかる壁があります。それがアンチからの誹謗中傷です。

アンチからの誹謗中傷は昔からあるのですが、昨今、スマホの普及によりネットに接続する人が増えた影響で、さらに深刻化しています。一部の有名人がアンチからのネガティブコメントや心ない人たちからの匿名での誹謗中傷に心を痛めて、自らの命を絶ってしまう事件にまで発展しています。

これは、日本だけでなく、ネット文化が日本より深く浸透しているお隣の国、韓国でも同様な事件が起きており、もはや世界規模でアンチからの誹謗中傷について真剣に対策する必要がある状態です。

私も、情報発信を始めてから7年近くが経っていますが、未だに誹謗中傷はあります。アンチからの誹謗中傷の厄介なところは、誰がやっているかわからないという点です。匿名で、顔出し・実名の情報発信者を叩けるので、いわば集団リンチのような状況なのです。

また、全くのでっち上げのことをさも本当のように書いて攻撃してくるので、情報発信者のことを知らない人からすると信用してしまう事態になっています。

これからは、こういったアンチからの誹謗中傷への対策は進んでいくかと思いますが、それを待っていては遅過ぎますし、こういったことを避ける人たちを後目に情報発信をすることで、競合優位性が保てるようになります。

アンチの誹謗中傷に対しての向き合い方とは

私の経験からアンチからの誹謗中傷に対しての向き合い方をお教えしようと思います。

それは、少ない人数から情報発信をスタートすることです。10人～１００人くらいから自分の読者やフォロワーを徐々に増やしていくことにより、どんな情報を発信すると攻撃され、どんな情報を発信するとファンが増えるのか肌感覚でわかってくるようになります。

私は、今でこそメルマガ読者数20万人以上に対して情報発信をしていますが、最初は１００人もいない状態からスタートしました。そして、段々と情報発信することに慣れてくると、嫌われる必要性があることに気がつきました。嫌われるからこそ好きな人が出てくるという、ファンを集める原理原則がわかってくるようになります。

情報発信をする上での１番の失敗

情報発信をする上で1番の失敗は、誰の心にも響かないことです。「愛の反対は憎しみではない。無関心である」。マザーテレサが残した言葉です。これは、無関心であることが愛の対極にあるという意味ですが、これは情報発信する場合と共通しています。

極端な話になりますが、誰の心にも響かない情報発信をするくらいなら、一部の人たちから嫌われるような情報も発信していくべきです。あなたのことを嫌いになる人もいれば、好きになりファンになってくれる人も出てきます。

あなたが信念を持って配信する情報が、誰かの役に立つと思えるならば、誰かにどうこう思われても、自分が正しいと思える発信を続けていくと、自然と応援してくれる人は増えていきます。

私が情報発信をする上で心に響いた言葉

私が情報発信をする上で心に響いた言葉を紹介します。

・【人の言うことは気にするな。「こうすれば、ああ言われるだろう」。こんなくだらない感情のせいで、どれだけの人がやりたいこともできずに、死んでいくのだろう】written by ジョン・レノン　1940~1980

人は、信念を持った人についていこうと思うのです。

3　成功者が口を揃えて言う確実に成長できる思考法

金もやり方も人脈もない状態からのスタート

私の周りは、起業家や経営者、投資家といった自分でお金を稼ぐ力を持っている人たちがほとんどです。元々は会社員だったり、学校を卒業してから1度も就職をしたことなく、独立起業してビジネスや投資をしている人たちが多いです。

最初から親の財産や資産があったわけではなく、私を含め皆最初はお金もやり方も人脈もない状態からスタートしています。

成功者に共通している思考法とは

これまでに私は、過去10年間で10億円以上のお金を稼いできました。また、友人たちも、最低でも資産1億円や年商100億円を超える会社を経営しています。私を含む友人たちは、自分の力で成長してきたのですが、稼いでいるやり方や事業内容は違えど、1つだけ共通している思考法が存在しています。それは、「環境を変えてきた」という点です。

私たちは、自分の意思ですべての判断をしていると思っていますが、実は周りからの影響を多大に受けています。例えば、会社の同僚や上司の意見や親やパートナーからの意見です。彼らは、あなたのことを思っていろんなアドバイスや意見を言ってくると思いますが、そういった人たちの意見は聞かないほうがいいです。

あなたの周りの大切な人たちというのは、あなたが幸せになることを心から願っているはずです。これは間違いはないのですが、彼らはビジネスや投資では成功していません。つまり、ゴルフが上手くなりたいのに、ゴルフを知らない友人や家族にアドバイスを聞いているのと同じです。ゴルフが上手になりたいのであれば、ゴルフで結果を出している人の言うことを信じるべきなのです。

彼らの常識に感化されてしまうな

いざ副業でお金を稼ぐとなると、近くの信用できる人たちからの声に耳を傾けてしまう人があまりにも多いです。ビジネスや投資といったお金を稼いだり、増やしたりする方法を知らない人を周りに置いてしまうと、段々彼らの常識に感化されてしまいます。

人は、危機意識能力を持っているので、自分の知らないことや得体の知れない対象物をすべて「危険な物」だという認識をしてしまいます。自分の知識外の内容を聞くと、大体が「宗教」や「詐欺」という言葉で片づけています。そのほうが思考停止で簡単に答えが出ますし、今の自分を肯定できるので、知らない物はすべて間違っていると判断しているのです。こういった環境下にいると、新たなことにトライする気力がなくなってしまいます。

私も、副業を始めた頃には、飲食店のパートの主婦の方々に、「絶対に辞めといたほうがいい」とか、父親には「そんなインターネットで稼げるわけないだろ」など散々言われてきました。自分が好きな人たちからそういう風に否定されると、やっぱり無理なのかな？　と思ってしまうものです。

目指している分野で結果を出している人たちを周りに

このようにならないために必要なのが、自分が目指している分野において、既に結果を出している人たちを周りに置くことです。つまり、人間関係の環境を変えるということなのです。環境を変えることで、目標に到達するまで挫折せず進むことができるようになります。

自分より圧倒的に結果を出していたり、少しだけ先に進んでいる人たちがいる環境に身を置くと、結果がまだ出ていない自分のほうがおかしいんじゃないかと勘違いするようになれます。このよい勘違いこそが、ブレずに成長できる思考法なのです。

4　問題が自分の外にあると考えるならばその考えこそが問題

すべて自分の中に原因があると考える重要性

人生を長く生きているほど、様々なトラブルを経験していると思います。自分が悪かったと思うこともあるでしょうし、全く自分は悪くないと思う経験もしたかと思います。どんな経験でも、自分に起きていることが事実だとすれば、それは自分に問題があったと思えるようになったほうがいいです。

私たちは、同じような景色、同じ人間関係でも、自分というフィルターを通し、世界を見たり、感じたりしています。例えば、幼少期にボールでいじめられた経験がある人は、大人になってもボールに対して怖いという感情があると思います。ですが、そのような経験をしていない人からすると、ボールは単に楽しい球技の道具なのです。

これは私の経験なのですが、私は今でも球技が苦手です。幼少期にボールでいじめられた経験があるからです。私は、同じ物体が存在している事象に対して怖いという感情が出てきて、他の人は楽しいという感情が出てくるわけです。トラブルが起きたときに、すべては自分の中に原因があると考えられるようになることが次に進める成長の過程なのです。

「問題が自分の外にあると考えるならば、その考えこそが問題である」。この言葉は、世界44か国語に翻訳され、世界で３０００万部も売れた米国の経営コンサルタント・自己啓発作家であるスティーブン・コヴィー博士の著書「７つの習慣」に書かれている1フレーズです。私がこのフレーズを知り、意味を理解できたときに大きな衝撃を受けたことを今でも覚えています。

私以外の社長やアルバイト、パートに問題があると考えていました

飲食店時代に人間関係でトラブルを抱えていた私は、私以外の社長やアルバイト、パートに問題があると考えていました。売上が落ちているのはバイトが悪い。シフトが埋まらないのはバイトを雇用しない社長が悪い。私の言うことを聞かないのはパートのおばさんたちの理解が足りないからだ。このように考えていました。

自分は、精一杯の努力をしていて、休日を返上してまで頑張っている。だから私は悪くない。このような考えをしていたのです。私にも落ち度はあるかもしれないが、原因はバイトや社長にあると思っていたのです。

それから数年後、コヴィー博士の「７つの習慣」の「問題が自分の外にあると考えるならば、その考えこそが問題である」とのフレーズと出会い、過去に起きたトラブルや問題が自分の中にあることを理解しました。

この真実を理解してからも、トラブルや問題は起きていますが、今は昔のように同じ過ちを繰り返すことなく済んでいます。

それは、トラブルや問題を起こしたのは自分の中にある考え方にあり、自分の考え方が違っていたんだと素直に思えるようになったからです。

成長を阻害しているのが過去の経験

誰でも、真っ白なキャンバス地の状態で世の中に生まれてきますが、歳を重ねるごとによいことも悪いことも沢山経験していきます。そして、いつしか真っ白だったキャンバスは、人によっては紫色になったり、茶色になったりしていきます。

若い人が成功しやすいのは、余計な色に染まっていないだけであり、経験値からすれば年長者のほうが成功しやすいのです。

ですが、こういった年上の人たちの成長を阻害しているのは、過去の経験なのです。「２度と同じような失敗はしたくない」という思考に原因があることがほとんどです。

いくつになっても素直な気持ちになれるのであれば、人生を変えていく行動は可能です。

5 感情で考えるのではなくすべて確率論で考えよ

結果を出すのに感情はいならい

ビジネスや投資で結果を出していくには、確率から考えて参入するか決めると成功確率は高まります。知人から○○というビジネスが儲かっているから自分もやってみようとか、これからは○○が上昇するから投資しようといった根拠や理屈が確認できないままお金を使う人はいつの時代もいます。

その方法が何で儲かるのか？　その投資がなぜ今後上昇していくのか？　これに対しての答えを自分が理解できていないということは、感情論で判断しているということです。

感情論で決めていいのは、恋愛や利害関係のない人たちとの交流です。誰かが得をしたり、自分や相手が得をするような利害関係が発生する場においては、感情論で判断すると損をします。

利害関係が発生するということは、数字に基づいた行動がなされている証拠なので、数字で構成された世界に感情を持ち込んでしまうと融合することができません。

数字でつくられた世界で結果を出すには、感情論ではなく確率論で判断すべきなのです。

導入期と成長期を狙え

製品のライフサイクルには、①導入期→②成長期→③成熟期→④衰退期があります。

参入するビジネスの市場が現在どのフェーズにいるかの確認も確率論で判断します。

①の導入期や②の成長期にあるビジネスであれば、まだ参入してない人がいるので、これから需要が伸びて行くことがわかります。なので、参入すると儲かる可能性は高くなります。

③の成熟期や④の衰退期にある場合は、今後は供給過多になり、値下げ合戦に陥り、利益が取れなくなっていくことがわかるはずです。

人間関係に配慮できる優しい人ほど感情論を持ち込みがちですが、お金を増やすという理屈と数字でつくられた世界においては、徹頭徹尾確率論で判断することがきわめてが大切です。

6　私たちは想像したとおりの人間になっていく

夢が現実に

私たちは、想像したとおりの人間になっていきます。

学生時代の卒業時に、「将来の夢」を書いた人は多いと思います。その夢が現実になっていたり、それに近い現実を手に入れられるようになっている人もいます。

私は、小学校の卒業アルバムの「将来の夢は」について、「僕は将来、世界中の海をクルーザーで駆け回り、カジキを釣りながら旅をしています。残りは貯金です」と書いていました。

これは、「もし、１００万円あったらどうしますか？」という質問がついていたので、残りは貯金ですという現実的なことを書いています（笑）。

また、カジキを釣るのも、当時テレビで見た大物俳優が海外の大海原に出て行き、カジキを１本釣りしているのを見て、かっこいい！　と思い影響を受けたからだと思います。

そして、現在の私はと言うと、ネット環境があればいつでも仕事ができるので、ほぼ毎月のように海外へサーフィンをしに行ける時間的自由も手に入れて、経済的にも約３億円の資産を持っています。

思考が現実世界に表れる

普段、頭の中で考えていることが、現実世界に具現化されて表れてきます。

カラオケで悲しい恋愛ソングを歌っている人は、自分もそのような恋愛を引き寄せてしまいます。

経済苦で辛い思いをしている人たちに共感をしていると、自分も同じように経済的に辛くなるような人生を選択するようになっていきます。

サーフィンで大きな波で失敗して大怪我をしている映像ばかりを見ていると、自分も同じような失敗をして怪我をしてしまいます。

このように私たちは、普段、見ている情報から多大な影響を受けており、これは無意識化の下で形成されていきます。

自分が理解できる顕在意識ではなく、意識下にある潜在意識レベルで普段の選択から人生を左右するような選択まで影響を及ぼしているのが、五感から吸収している情報なのです。

人生を好転させた成功者が語る成功法則

この事実を認識できたならば、すべての悪影響を及ぼすようなことと真逆の情報を取り寄せていくことです。カラオケでは楽しくハッピーソングを歌う、お金持ちのライフスタイルが特集されている雑誌や動画を見続ける、綺麗に大きい波を乗りこなしているサーファーを観察するなどです。

これは、自分の力で人生を好転させてきた多くの成功者が語る「環境を変える」という成功法則とリンクします。あなたが理想とする目標をすでに達成させている人たちと一緒に過ごすことで、五感をすべて使い情報を取り入れることが可能となり、成功への夢が近づきます。私たちは、想像したとおりの人間になっていくのです。

※大森淳弘の公式LINEでは、本書には書ききれなかった「無理せず夢を実現させる具体的なステップ」などについて配信します。

LINEで、@068gjtufを「ID検索」するか、QRコードで友だち追加

@068gjtuf

おわりに

10年間、オンラインビジネスを実体験してきた本音

最後まで本書をお読みいただきありがとうございます。

私が本書を書こうと思ったのは、8年前にまで遡ります。

当時、入会していたビジネス塾の先生が、「本を出版すると記憶に残る想い出になる」と言っていたからです。

同期の私の友人起業家たちは、先生の言うことを愚直に聞いて続々と出版していきました。ですが、私は、出版できずにいました。

それから数年が経ち、2017年の3月に、私はフィリピンのセブ島に向かっていました。関西国際空港で出くわした不動産投資家の友人と偶然にも席が隣同士だったのですが、彼も本を出版していたのです。

そこで、「出版社を紹介するから大森さんも本を出してくださいよ」と誘われたので、企画書を書いてみたのですが、どうも筆が進みませんでした。

それから3年後。2020年になり、100年に1度の誰も体験したことのない世界的な感染症により、1人で過ごす時間が増えてきました。

「今しか書くチャンスはない！」と思い、出版社の方とお会いしました。

このように、私という人間は、皆ができることを先延しにしたり、本を集中して書くという能力も持っていないダメな人間です。

大学に入っても、同級生と合わず中退し、同時に父親の会社が倒産し、誰とも会えずに米国に逃げた人間なのです。

帰国後も異母姉妹に誘われて飲食店で働いていましたが、それも本当にやりたかった仕事ではありませんでした。

いつも私は、誰かの人生プランに乗っかり、自分を消してフラフラと生きてきたのです。

そんな私が人生を変えるきっかけになったのが、たった1つのデジタルコンテンツ教材でした。

この教材をやってみて稼げなかったら、本当に俺はダメなんだという気持ちで取り組みました。

それから11年の月日が流れ、オンラインビジネス業界で結果を出している人たちとはほぼ全員と付合いがあります。

ネット転売、アフィリエイト、デジタルコンテンツ販売、不動産投資に仮想通貨投資、FXなど。ありとあらゆるビジネスと投資を実践してきました。

こういった10年以上の月日の中で、本書には書けなかった失敗や挫折もしてきました（詐欺にも遭いました）。

本当にこの業界というのは、よいモノと悪いモノが区別されず入り混じっている玉石混合な世界なんだなということがはっきりとわかりました。

そんな経験から、1つだけ最後まで本書を読んでくださったあなたに真実をお伝えできることがあるとすれば、「失敗を恐れず、過去に執着せず、何度でも立ち向かうことで、人生は何歳になっても好転させることができる」です。

稼ぎ方を教える人には、教育者として素晴らしい人格を持っている人もいます。彼らは、時に自分の利益を無視して、生徒さんと立ち向かい指導しています。

このような人たちと出会うことができれば、きっとあなたが望む経済的、時間的、そして精神的に満足した人生を送ることができるようになるはずです。

本書がオンラインビジネスを始めるきっかけになれば、私としては目的達成です。

また、どこかであなたとお会いできることを楽しみにしております。

最後まで読んでくださりありがとうございました。


2021年1月7日午後22時51分　大阪・中之島のタワーマンションにて。

大森　淳弘

読者限定　豪華３大特典

特典１　「あなたに合う副業とは？」無料 LINE 適性診断

稼ぎ方にも人によって向き、不向きがあります。あなたが成功しやすい副業を 10 年以上の経験から診断させていただき、希望者には無料オンラインワークショップを開催します！

特典２　著者大森自身が本書を読み上げた「日本で１番、稼げる！お手軽在宅オンライン副業ビジネス」オーディオブック

作業中や移動中に音声で本書を聞くことができます。本来、販売予定のオーディオブックを無料プレゼント！

特典３　大森淳弘の購入者特別企画　「本書に書く予定だった幻の第６章」

読者限定で、書籍化が断念された幻の第６章のデータをプレゼントします！

■上記 3 大特典を受け取るには、公式 LINE に登録するだけ！
LINE で、@068gjtuf を「ID 検索」するか、QR コードで友だち追加

@068gjtuf

著者略歴

大森　淳弘（おおもり　あつひろ）

1980年大阪市生まれ。在宅オンラインビジネス歴10年の専門家。

2010年12月より副業でオンラインビジネスを開始。

半年後に月収100万円を稼げた後に独立起業。

2014年9月に株式会社MARINA DEL RAYの代表取締役になる。

平日21時から配信している「大森淳弘公式ビジネスメールマガジン」は20万人以上の購読者がいて、同メルマガでは最新の稼ぎ方や投資法などのお役立ち情報を届けており、多くのファンに支持されている。

20代の頃にL.Aに渡り英語とサーフィン漬けの日々を過ごし、帰国後、外国人ファッションモデルのマネージャーなどを務め、英語でビジネスをしていた経験から、外国人との交友関係も幅広い。

元々は長時間労働の超ブラック企業の飲食店従業員だったが、オンラインビジネスと出会い「好きなときに、好きな場所でビジネスをする」という理想を実現させ、今では行きたいときにサーフィンをしに海へ行き、自由な生活を手に入れている。

・大森淳弘 Facebook　https://www.facebook.com/atsuhiro.omori

・大森淳弘公式メールマガジン　http://atsuhiroomori.com/newlp/

・大森淳弘 LINE 公式マネージャー（QRコードで読取り）

日本で１番、堅実に稼げる！
お手軽在宅オンライン副業ビジネス

2021年3月2日 初版発行　　2021年7月13日 第3刷発行

著　者　大森　淳弘　© Atsuhiro Oomori

発行人　森　　忠順

発行所　株式会社 セルバ出版
〒113-0034
東京都文京区湯島1丁目12番6号 高関ビル5B
☎03（5812）1178　　FAX 03（5812）1188
http://www.seluba.co.jp/

発　売　株式会社 三省堂書店／創英社
〒101-0051
東京都千代田区神田神保町1丁目1番地
☎03（3291）2295　　FAX 03（3292）7687

印刷・製本　株式会社 丸井工文社

Printed in JAPAN
ISBN 978-4-86367-642-8